广西抗战纪事

《广西抗战纪事》摄制组 著

广西师范大学出版社
·桂林·

图书在版编目（CIP）数据

广西抗战纪事 /《广西抗战纪事》摄制组著 . —桂林：
广西师范大学出版社，2019.5
ISBN 978-7-5598-1675-7

Ⅰ . ①广… Ⅱ . ①广… Ⅲ . ①抗日战争－史料－广西
Ⅳ . ①K265.06

中国版本图书馆 CIP 数据核字（2019）第 054183 号

广西师范大学出版社出版发行

（广西桂林市五里店路 9 号　邮政编码：541004）
（网址：http://www.bbtpress.com）
出版人：张艺兵
全国新华书店经销
广西民族印刷包装集团有限公司印刷
（南宁市高新区高新三路 1 号　邮政编码：530007）
开本：720 mm × 1 010 mm　1/16
印张：13.75　　字数：217 千字　　图：189 幅
2019 年 5 月第 1 版　　2019 年 5 月第 1 次印刷
定价：48.00 元

如发现印装质量问题，影响阅读，请与出版社发行部门联系调换。

序 一

不会忘记这段历史

到外乡去或外乡人来，听外乡人讲起广西，大都会提到桂林山水、刘三姐、北海、广西兵能打仗等。这是外乡人对广西自然、历史、人文的印象。10年前，一家国际知名媒体总裁来南宁拜会自治区领导，临离邕前还有点时间，突然提出来想看一看民国时期的人文遗址，我们说"没有"，他们不解，但也只好到餐厅喝茶消磨行前的时间。客人飞走了，我们的心绪却难以平静。

转眼到了纪念抗战胜利70周年，媒体的宣传报道计划很庞大。拍一部较完整的广西抗战纪录片吧，这成了许多人不约而同的建议。因为人们总把广西兵能打仗与抗战联系在一起，这是不善言谈的广西人爱国爱乡心里的一份光荣。

几经迟疑、踌躇，终于起步了。那是2014年岁末，桂林临桂的一个晚上，天气清冷，围在炭火旁，有专程飞来的上海文广新闻传媒集团副总裁陈梁，央视九套的陈晓卿、十套王新建的代表，有杨小肃，我，一干人等，这可是国内做纪录片的强阵，谈的主题便是广西抗战纪录片。临桂方面爽朗表态支持，这是可贵的胆识。共识既成，请杨小肃出任总导演，这位从桂林电视台走到京城的纪录片人，在与央视多年的合作中，已俨然融为央视的一部分，沉稳的外表，一句"你放心嘛"口头禅，蕴涵着一贯的成竹在胸。总撰稿李继锋博士同时担纲着央视抗战纪录片扛鼎之作《东方主战场》的策划与主笔，他深谙民国历史，满腹文章，对广西抗战也有专门的研究。分集撰稿李时新、曾小帆与杨小肃一起，是我们1999年拍摄文献纪录片《解放广西》的老班底，这些花甲左右的广西人对八桂大地、对八桂大地近现代史如数家珍，笔下始终涌动着冲向沙场的澎湃激情。编导刘勇是军中的纪录片人，拍摄过多部精品力作，这次以抗战精神拍抗战片，雷厉风行中透着军人的英气。自治区新闻出版广电局局长彭钢担任总监制，片子有了前行的动力。

广西全民抗战为何如此坚决？广西兵都打了哪些大仗、胜仗？广西在中国抗战大局中处于怎样一个历史地位？这些都应该是片子要回答的。桂林、南宁、苏州、北京，经过多次策划座谈，节目脉络逐渐清晰。宽阔的国际视野、坚实的民族立场、统一战线的联合抗日成为这部纪录片创作的三大核心理念。为了实现"首部""全景式"的宏愿，采访组除在海峡两岸采访，还远赴美国、日本、俄罗斯，马不停蹄采访了上百名抗日老兵、亲历者和专家学者，搜集了大量珍贵的史料。

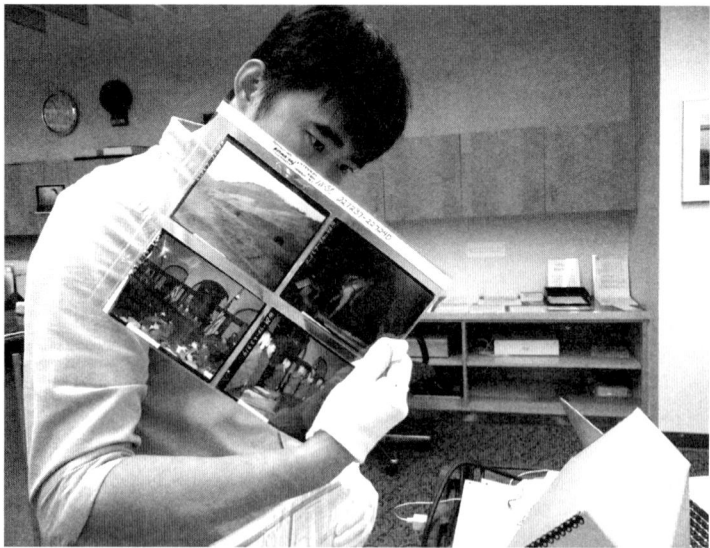

《广西抗战纪事》摄制组在美国国家档案馆拷贝照片

《广西抗战纪事》摄制组在日本国会图书馆拍摄外景

采访的时间变得异常紧迫。迟暮之年的抗日老兵正日渐凋零，几路拍摄组必须与时间和生命赛跑。在台湾，已至百岁的河池宜州籍老兵卢增祖一字不差地高唱《广西学生军军歌》，让我们对这些"铁打的一群"惊叹不已。而另一位在桂林的曾是李宗仁摄影师的九十多岁的老者，说好与记者聊天，当采访组到了家门口，老人却一病不起。广西空军战斗机飞行员的后人，数起父亲身上的枪伤，掩面而泣。白崇禧之子白先勇先生擅写小说，也关注历史，他用桂林话连呼，纪录广西人的抗战"很要紧，很要紧"。

在日本的采访分外艰难。行前，在国内联系的日本学者无一应允。中国国际广播电台、中央电视台驻东京记者站的同仁鼎力相助，四处打电话、发邮件，好不容易约到研究历史的三位大学教授。

笠原十九司，71岁，日本都留文科大学名誉教授，夫妇俩开两辆车到山梨县笛吹市火车站接我们，这是我们在日遇到的最真诚的日本历史学家。笠原自嘲地说，他在日本被右翼称为"四个坏人"之一，他和另外三位学者因坚持正确的二战历史观而受到右翼分子的围攻谩骂，以致一度为防极右分子枪击，晚上在家都得拉上窗帘，以防不测。笠原教授说，广西是从越南海防

2015 年 6 月 24 日在日本采访笠原十九司教授，与笠原面对者为苏新生

往中国运输抗日军用物资的国际大通道，为切断当时这条最重要的国际运输线，日军登陆广西，占领南宁，引发了桂南会战。1939 年底的昆仑关战役中，日军旅团长中村正雄被击毙对日本陆军打击很大，日本政府低估了中国军民的抵抗意志，广西的抗战在世界反法西斯战争中意义重要。笠原说，必须要让日本国民知道那段历史的真相。笠原正直的风骨令人肃然起敬。

早稻田大学的一位教授在堆满书籍的办公室接受采访，他半掩门让我们进出，从其拘谨的神色可见顶着多大压力。

就职于日本大学的井上桂子教授从静冈县赶到东京和我们见面，性格开朗的井上老师讲述了著名的日本反战人士鹿地亘在广西的反战故事。采访完，老师即匆匆地乘火车返回，礼貌地谢绝了我们代她付的车票费，只是希望节目播出时能告诉她一声，留下题词"日中世世代代友好下去！"一阵风地走了。

随着采访的深入，五集的节目框架逐渐形成：

第一集追溯了广西推动与加入全民族抗战的经过。特别点出，1937 年 6 月，张云逸在桂林代表中共与广西、四川达成《红桂川联合抗日纲领草案》，毛泽东致函李宗仁等，强调"中华民族之不亡，日本帝国主义之驱逐出中国，将于贵我双方之协定开其端矣"。

第二集讲述"卢沟桥事变"后,广西紧急进行军事动员,并在淞沪会战中国军队屡遭重挫之时,驰援的广西精锐部队在蕴藻浜发动了一次大规模反击战,用血肉之躯迎战日寇大炮飞机,战况惨烈。冲锋在前的壮族旅长庞汉桢成为广西军队抗战殉国的第一位将军。此役阵亡的两万多广西将士,几乎没有一人能尸骨还乡。

第三集描绘为保卫桂越国际交通运输线,广西军民顽强抵抗入侵广西的日军的情景。尤其是在著名的昆仑关大战中,广西民众配合正规部队作战,部队"其给养亦多赖民团之农仓"。战斗最激烈的阵地上,闪动着以许多共产党员为骨干的广西学生军年轻的身影,其表现之英勇备受各方赞誉。

第四集展示了广西军队在第五战区及以大别山为中心的鄂豫皖敌后基地的坚韧战斗。李宗仁领军的第五战区是拱卫大后方的屏障。美国记者史沫特莱收到枣宜会战开战前广西将领钟毅师长最后的绝命书:"你一定要告诉你的国人,我们会战斗至死,直到胜利。不要忘记!""七七事变",抗战全面爆发后,数十万广西子弟南征北战,冲锋陷阵,他们"只知任务,不知生死!"史沫特莱《中国的战歌》一章的题目,用的就是钟毅将军的那句话:告诉你的国人。广西扶绥县钟毅将军故居旁,乡亲们修建纪念亭怀念他。而在今天安徽省潜山县的名校野寨中学,原名景忠中学,校名因纪念来自广西的176师阵亡抗战将士而起,至今学校的师生还在祭奠、守护着他们的英魂,当年坚守大别山抗日根据地的广西将士的抗战故事一直是这所学校的乡土教材。

第五集的内容以惨烈悲壮的桂林保卫战为主。1944年,日军发动"一号作战",向豫、湘、桂地区进攻,以打通到越南的大陆交通线,摆脱太平洋战场上的颓势。广西全境受到日本军队的入侵,战况紧急时,广西各地有近20万各族青年,自发在"报国保家血书"上以血签名请战。从9月13日全州沦陷,到10月29日日军兵临桂林城下,120余公里打了一个半月,日军付出了近4000人伤亡的代价。参加过侵华战争的不少日本老兵认为,桂林之战是他们在中国战场上遇到的最残酷的战役。

反复修改打磨,片子终于完成播出了。

后来在福建的一次纪录片会议上，遇到广受好评的大型抗战纪录片《大后方》的总编导徐蓓，她说拍那部片子"苦不堪言！"《广西抗战纪事》又何尝不是呢，那是背负历史责任的一次精神洗礼，其艰难远远超出了电视技术层面。

让我们不要忘记这段历史。

苏新生

（作者系广西广播电影电视协会会长）

序 二

复原、再现与缅怀

　　抗日战争是一场旷古未有的伟大卫国战争。"卢沟桥事变"后，尚没有完成真正统一，带有浓厚中世纪色彩的中国，举国奇迹般地团结起来，共御外侮，直到日本无条件投降。在这场生死之战中，地处西南边疆的广西军民做出了至今还鲜为人所知的重大贡献。尽管掌控广西的李宗仁与白崇禧两位将军在1929年后就与蒋介石长期不和，芥蒂素深，但大敌当前、民族危难之际，他们还是捐弃前嫌，以国家利益为重。李宗仁提出的"焦土抗战"代表了广西的抗战决心。白崇禧赶赴南京赞襄戎机，对全国性抗战的发动颇多助力。大战开始后，为增援东战场，由李宗仁主持军事动员，短短的两个月时间内，广西就将原有的14个团的军队扩充到40个团，迅速投入到淞沪等战场。抗战过程中，令人记忆深刻的有台儿庄大捷与昆仑关大捷。两次大捷中，前者是当时的第五战区司令长官李宗仁指挥的，而后一个则是桂林行营主任白崇禧指挥，在广西土地上取得的。全国性抗战八年间，以广西1300万左右的人口，100多万士兵出省参战，阵亡近30万。先后有300多万民工夫役，随军在各抗日战场担负战斗和勤务支援。就各省人口比例，广西出兵率实居全国首位。广西军民对国家与民族的忠诚与奉献由此可见一斑。

从 2014 年到 2016 年，抗日战争都是我研究与写作的关键词，其中尤以 2015 年为最。这一年恰逢抗战胜利 70 周年，我参与三部重量级的抗战纪录片的策划与撰稿。纪录片《东方主战场》（8 集，每集 50 分钟），由中央电视台与中国军事科学院制作；《大后方》（12 集，每集 50 分钟）由重庆电视台拍摄；《广西抗战纪事》（5 集，每集 40 分钟）由广西电视台拍摄。作为一个抗战史研究者，我当然清楚抗战对现代中国国运的关键性意义，也知晓抗战在当今国家认同与爱国精神培育中不可替代的凝聚功能。

这三部纪录片从三个不同的层面呈现了抗战的历史。《东方主战场》致力于全面反映抗日战争的全貌，号称当年抗战纪录片的"一号工程"。《大后方》致力于再现以重庆为中心的西南西北抗战大后方的历史，作战本身并非表现的主体，而将主要注意力放在经济、文化、外交、军工、战时救护等以前不为人所知的方面。至于《广西抗战纪事》则更为具象，纯以广西军民的抗战为中心。能够有机会参与这三部纪录片的主创，倍感幸运，也需要竭力付出，创作期间的酸甜苦辣，实难与他人言说，若没有淡泊明志、宠辱不惊的心态，实难坚持。抗战的研究与创作需要有抗战将士的坚毅精神，只明其道，不求其功，甚或知其不可为而为之。

作为总撰稿，《大后方》的策划与史料文本的提供早在 2014 年就已完成，2015 年只是做些脚本的修改工作，颇轻松愉快。自己期待最高而为之殚精竭虑的是中途接手的《东方主战场》的撰稿工作。为此，从 4 月之后，常驻北京"影视之家"，直到纪录片在央视播出完毕，才于 9 月 2 日，也就是抗战胜利纪念庆典的前夕，如释重负返回南京。至于《广西抗战纪事》的撰稿只能利用《东方主战场》工作之余暇来完成。此三部片子均已在央视播出，而境遇各异。《东方主战场》作为官方力推的作品，播出次数最频，此后囊括了众多奖项。《大后方》内容新颖，表现手法上佳，口碑骄人，成为抗战纪录片中的佼佼者，甚至被称为"最大的黑马"。《广西抗战纪事》2016 年先后在广西电视台和中央电视台播出，对该片我情感独深，它能拍摄出来，能够播出，尤其是在央视播出，便是对广西军民抗战贡献的莫大认可，是一件功德无量的事。

兴灭国，继绝世，举逸民。此为孔子所热衷之事。历史研究者所担当的角色也与此有几分相似，发现有价值却被岁月淡忘或者人为遮蔽的人与事，

《广西抗战纪事》总策划苏新生（中）、总编导杨小肃（右）、总撰稿李继锋（左）

以恢复历史的本来面目并彰显历史评判的公正为己任。那些为抗战这一民族圣战流过血泪、献出生命的中国将士，不管他们属于什么党派、什么集团，来自什么地方与民族，他们中的每一位，都值得我们后人追念与敬重。抗日战争是一场大时代中的关系到中华民族存亡荣辱的大搏杀，且长达十四年，不仅战争样式层出不穷，相关的国际局势与国内政治的内容也极为驳杂。更因为党派的分野，因为政治成见的缘故，导致对抗战的认知颇多分歧。褒贬焦点多集中于国民党与共产党武装之间，而其余武装力量常被冷落。曾与广西朋友闲聊，他们常以广西军队抗战史实的挖掘及事迹的阐扬不如四川等省为憾。而《广西抗战纪事》纪录片的启动就是广西纪录片人为弥补此一缺憾而做的精心策划。总策划苏新生先生是广西人，也是广西电视界的资深人士，一直对抗战乡贤的忠魂深具敬意，成为这个项目的发起人，也是最坚持不懈的推动者。我与苏先生的相识，是因为拍摄《百年中国》就认识的资深纪录片导演杨小肃的介绍，他也是广西人，和苏新生先生一样，对广西将士在抗战中的牺牲付出长期得不到足够传播而心有不甘。

　　我非广西人，2012年之前都未踏上过广西的土地。对广西，我最初的印象来自李宗仁口述、唐德刚整理撰写的《李宗仁回忆录》，对李宗仁、白崇禧、黄绍竑、黄旭初等广西将领印象颇深，也引发我对民国史研究的兴趣。"卢沟桥事变"前，在李宗仁、白崇禧、黄旭初的治理下，西南边疆穷省广西一跃成为中外瞩目的"模范省"，其"三自三寓"的政策颇具特色，遍及全省的民团制度、廉洁俭朴的政风及苦干硬干的广西建设尤其引人注目。

　　自在民国政坛上崭露头角之后，广西的"李白"（李宗仁、白崇禧）一直是连体儿一般的存在，但在国民党退出大陆时，两人的归宿却迥然不同。李宗仁拒到台湾，客居美国，后回归大陆，受到大陆认可，当影片《台儿庄大捷》播出后，观众不仅对李宗仁这位第五战区司令非常熟悉，同时也对国民党军队在抗战中的作用产生好奇之心。而白崇禧追随蒋介石撤往台湾。不过，随着时光荏苒，党派恩怨有所淡化，民族意识日渐浓厚。抗战的发动、坚持与胜利离不开广西人的贡献，也离不开当时主政广西影响全国的李宗仁与白崇禧。借着纪念抗战胜利70周年的机会，能够有机会用影像来系统呈现广西抗战这一段历史，诚为难得之机遇。

　　当今中国人的历史认知虽然多元纷繁，但对抗日战争所彰显的民族精神均一致推崇。共产党与国民党、政府与民间、专家与爱好者、学术界与新闻界，纷纷投入浓烈的情感，付出大量的心力。近几年来，大陆方面更可谓倾举国之力搜集抗战史料，鼓励抗战史迹的研究与阐扬。不过，具体到如何呈现抗战，还是存在着差异的。比如《东方主战场》代表执政党的立场、政府的态度，故每句话乃至每个词都反复斟酌，直至官方最后审定，身为撰稿，其实并没有多少自由发挥的余地。不过，《广西抗战纪事》这部纪录片在脚本创作时，气氛宽松，从立意、分集策划到解说词撰写，均可与总策划苏新生、总导演杨小肃反复磋商。真正困扰我的是创作时间极为局促，难以抽出时间进行前期采访与调研，好在杨小肃先生早已率领团队着手在大江南北的拍摄，苏新生先生自己亲带摄制组赴台湾地区、日本等地采访，他们的工作对《广西抗战纪事》一片的创作十分关键，更是我从容撰稿的基础。

　　在脚本创作过程中，我们依据以下几个原则：

　　第一，力求展现广西抗战的全貌。除了耳熟能详的台儿庄大捷、昆仑关大捷与桂林保卫战等战役外，还涉及广西军队淞沪会战时在蕴藻浜一带英勇但伤亡极为惨重的反击战。作为广西军队的抗战首战，这次反击战并不成功，伤亡惨重，但将士们彻底执行命令、视死如归的军人风范令人肃然起敬。数万阵亡将士的遗骸不能还乡，亲人只能在衣冠冢前遥遥祭拜，残酷而壮烈的对日抗战就这样展开。在内容的设计中，我们关注到广西将帅官兵在第五战区的常年苦战，他们与第九战区的将士遥相呼应，年复一年地阻击来犯的日军精锐，拱卫以重庆为陪都的西南西北大后方的安全，功勋卓著。

第二，不仅将广西抗战放在全国抗战的大格局中加以表现，也将其放在世界反法西斯战争的大格局中加以审视。如出于民族大义，广西"李白"与南京蒋介石完成了从长期对立到合作抗日的巨大转变。值得一提的是，"卢沟桥事变"爆发后白崇禧前往南京出席国防联席会议，与各方人士共商抗战大计，对营造举国团结的氛围有着特殊的含义。战事全面展开后，随着东部沿海港口相继失守，桂越国际交通线对维系中国抗战力量变得举足轻重，日军为此不惜分兵侵入广西，占领南宁，桂南会战也随后爆发，昆仑关大捷便是中国军队罕见的一次攻坚作战。桂南会战属于1939年冬季攻势的重要一环，而冬季攻势实为中国在整个抗战期间一次最大规模的自主反攻，只是因为战果不彰而长期被遗忘。其实，在当时异常黯淡的反法西斯战事中，冬季攻势不失为一个激励斗志的亮点。

第三，除正面战场以外，本片还反映了广西军队在以大别山为核心的鄂豫皖边区的敌后抗战，这是过去广西抗战上的一个盲点。事实上，白崇禧注意到中共武装力量在游击战争中的建树，对游击战非常重视，提出了"积小胜为大胜，以空间换时间"的理念，并为蒋介石所认可。国军的敌后抗战规模之大远超常人想象已属不可否认的事实，但同样被证实的是抗战后期国民党系统的敌后游击力量迅速趋于式微。但广西军队在大别山一带的敌后抗战能够从1938年底一直坚持到了抗战最后胜利，原因何在，是值得深入研究的。

第四，注意遵循纪录片的特点进行创作，包括故事的叙述方式以及人物的塑造。片中人物有李宗仁、白崇禧、黄旭初、庞汉桢、秦霖、廖磊、钟毅等军政要人，也有普通官兵。钟毅、白崇禧、廖磊等以前在抗战纪录片中甚少涉及，这部片子中着意加重分量。

采访白崇禧之子、小说家白先勇（右），中为苏新生

　　此外，为了增加片子的沧桑感和感染力，我建议要充分利用广西的战时歌曲，总编导从善如流，耗费大量人力物力将战时广西军歌等重新配乐翻唱，成为本片的一大亮点。

　　说来有趣，川军、滇军等地方军的抗战研究一直远比桂军更为深入，但用一部纪录片全面介绍一个省抗战的却是《广西抗战纪事》这部片子，创作这部片子就是兑现初衷，以此告慰广西抗战将士和他们的家人。应该说，关于广西抗战历史的研究才起步不久，期待着未来会有更长足的进展，整个中国抗战史也会因此而变得更为真实而丰满。

李继锋

（作者系南京中华民国史研究会副会长、江苏省口述历史研究会会长）

·目 录·

第一章　兴师卫国

【编导手记】

1999 年，在纪录片《百年中国》摄制组时就听杨小肃老师念叨，有一个心愿，拍一部广西抗战的纪录片。他是生在北京长在桂林的广西人，父亲在抗战期间已是中共地下党人，曾领导学生参加抗日。所以，拍广西抗战纪录片的情结是可以理解的。

但是，这位资深纪录片制作人的广西抗战情结一晃就等了十五年，2014年 6 月，杨老师给我打来一个电话："哎，刘勇，看看你的邮箱，大片来了。"和杨老师相处十多年，知道他说的大片就是分量重集数较多的纪录片。原来他发来的是一份五集纪录片《广西抗战纪事》策划文案。

文案中有毛泽东、周恩来、蒋介石、李宗仁、白崇禧等历史人物，但黄旭初、李品仙、哈庸凡、庞汉桢、秦霖、夏国璋、周元、王铭章等，这些人名却比较陌生。"广西三杰""三自三寓政策""三民主义模范省"等，这些词也没有看到过。所以，广西抗战这个题材对我来说是全新的，但研读了这段史料和人物故事后，又让人血脉偾张。

凡作传世之文者，必先有可以传世之心。拍摄团队不忘初心，抢救地方抗战史料，再现广西军民的铁血意志和奉献精神，令我感到由衷的钦佩！

所以，在开篇的第一集，有些故事和数字，我希望观众能记住：

广西各族民众是唱着《征兵歌》踊跃报名参军的，歌词通俗易懂，朗朗上口："往，吾愿往，国民义务不推让，全身涌起一片热情，小兵也愿当。为何有国？为何有家？想，大家想，人人偷生，人人怕死，国事谁支撑？吾去做个好榜样……"

全面抗战爆发后，两个月内，桂军从 14 个团扩充至第 7 军、第 31 军、第 48 军、第 84 军，4 个军 40 个团；这 40 个团的装备全部由广西地方政府解决，没要中央一分钱。不久，4 个军改编为 3 个集团军，即第 11 集团军、第 16 集团军和第 21 集团军。广西子弟兵从 2 万增至 20 余万。

到 1937 年时，广西已建有轻机枪工厂、重机枪工厂、步枪厂、迫击炮厂、手榴弹厂及子弹厂、炮弹厂、火药厂、硝酸厂、飞机修理厂等等，除中央军企外，广西军工企业在中国居于前列。桂军空军拥有英、美、日三国生产的飞机 60 余架和较完备的机场设施，还开办了航空军事学校。抗战爆发后，全部无偿上交中央。

1937 年 9 月 9 日，桂军第 48 军在南宁誓师出征，10 月 1 日，第 7 军、第 31 军在桂林誓师出征。桂邕两市万人空巷，民众倾城而出，十里长街，夹道相送。壮行的口号、鞭炮、鼓乐与离别的呼唤、祝福、泣哭此起彼伏，场面极其热烈悲壮，将士们唱着广西军歌投入到与侵略者殊死搏杀的战场。

中国省份二十八，广西子弟最刚强，
天生会打仗，个个喜欢把兵当。
扛起枪杆上战场，
雄壮真雄壮，敌人看见就要慌。
军队和民团本领都是同一样，
打倒一切恶势力，定家邦。

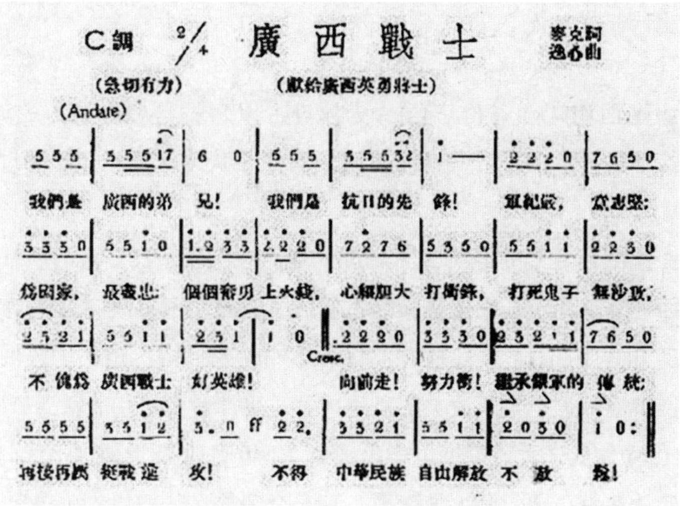

广西抗战歌曲《广西战士》

2014年底，杨小肃总导演带领摄制组走遍大江南北开始前期拍摄采访，摄制组年轻的后生们经常挂在嘴上的一句话是：走啊，打鬼子去！

刘 勇

2015年9月3日上午，北京天安门广场，纪念中国人民抗日战争暨世界反法西斯战争胜利70周年大会隆重举行。这是1945年抗战胜利以后中国举办过的最为隆重的纪念大会。每个地区、每个社区、每个家庭，都留下了关于这场全民族共同参与的伟大卫国战争的记忆。

如今，这场战争已过去了70多年，战争的硝烟早已散去，当年的战士已到了迟暮之年，当年的战场也已变成良田或花园。但关于那场战争的记忆依旧鲜活，关于那场战争的痛苦和光荣依旧恍如昨日，这是一段所有中国人都会世世代代铭记的历史，这也是一段广西人都会世世代代铭记的历史。

一

在中国西南边陲省份广西，桂林自古以来就是最有魅力的城市之一，因喀斯特地貌形成的群峰和清澈见底的漓江相映成趣，不知倾倒过多少文人墨客。

有一座中西合璧的经典民国建筑，建立在明代靖江王府的遗基上。1936年，广西省会从南宁迁回桂林，这里便成了当年广西省政府大礼堂。

1937年7月7日晚，日军炮轰北平郊外的宛平城，迈出了全面侵华战争的步伐，将中国逼至生死攸关的悬崖边上。平津危急，华北危急，中国危急！7月8日，中国共产党发表通电指出：日本帝国主义武力侵占平津与华北的危险，已经放在每一个中国人的面前。只有全民族实行抗战，才是我们的出路。

1937年7月12日，也就是"卢沟桥事变"爆发的第五天，在举国严峻激愤的气氛中，广西军政首脑李宗仁、白崇禧、黄旭初等和广西社会各界代表

20世纪30年代桂林靖江王府西门

五千余人，在省政府大礼堂举行广西国民革命军北伐誓师纪念大会。因出席人数太多，礼堂管理人员只好将座椅撤去，全体与会者肃默而立。

1926年开始的北伐战争，一直是广西人引以为豪的历史。由广西子弟编成的国民革命军第七军在军长李宗仁的统率下，在北伐中战功骄人，他们和广东的第四军合作，率先进入湖南，占领武汉，为击败北洋军阀，重新统一中国立下了赫赫战功。第四军有"铁军"的美誉，而第七军战功不在第四军之下，被称为"钢军"，从镇南关（今友谊关）打到山海关。

李宗仁

江苏省行政学院教授李继锋：

李宗仁、白崇禧毕生都忘不了北伐那段辉煌的历史，他们钦慕广西的前辈在太平天国所做的惊天动地的事业，但太平军的前锋只打到了天津附近就全军覆没了，而他们率部一直打到山海关。当时的白崇禧非常开心，以胜利者的姿态到北京故宫去参观，意外地发现故宫有座门叫崇禧门，还特地在那留影纪念。

12日的纪念大会上，李宗仁发表激情奔放的演说，发誓要将北伐时代的革命精神，运用于已经箭在弦上

1928年8月1日《北洋画报》封面上的白崇禧在北京故宫崇禧门前

5

北伐时期的广西军人（行军途中休息情景）

的对日战争。广西各界在等待也在催促南京政府进行全面抗战。

　　1928年6月，占领北京，推翻北洋军阀政府之后，北伐军四大集团军总司令蒋介石、冯玉祥、阎锡山、李宗仁一起到北京西山祭奠孙中山。但过了不到一年，四大集团军便相互为敌，国民党长期陷于分裂，从此中国内战不断。李宗仁、白崇禧等受到蒋介石的打击，只能率部退回广西。他们被蒋介石指为孙中山事业的叛逆，"桂系新军阀"这个词重重扣在了他们的头上。就在这座大礼堂里，上个世纪初，孙中山曾向广西民众发表过"三民主义是建设新国家之完全办法"的演说。他的革命热忱与思想赢得了李宗仁、黄绍竑、白崇禧、黄旭初等几位青年军官的尊敬。白崇禧曾到广州面见孙中山，连他的职务也是孙中山委任的。小说家白先勇是白崇禧的公子，他称自己的父亲是孙中山的忠实追随者。

白崇禧之子白先勇：

　　那个时候他的确笃信三民主义……所以他在桂林不是还立有一个"中山不死、主义常新"那个碑吗？他也笃信这一套东西。

1925年9月，国民党人白崇禧、刘斐、李任仁等在桂林纪念半年前逝世的孙中山

　　此后，李宗仁、黄绍竑、白崇禧等率兵打败了广西境内的各路军阀，于1925年统一了广西。就在这一年，孙中山病故。李黄白三人组痛失精神导师，但他们仍主动拥戴广州国民政府，那时的广州是国民革命的大本营，也是国共合作的政治大舞台。后来在中国政治舞台上扮演主角的人物，毛泽东、周恩来、蒋介石、李济深等都在那里亮相。没有人料到，北伐军占领长江流域，蒋介石等国民党右派竟然对共产党人刀枪相向，导致了此后十年国共内战。更没有人料到，北伐军到达北京后不久，国民党内部就陷于大分裂。1929年后，经历了纷乱的内战与政争，广西的核心领导层也从最初的李

1925年9月佩戴中将军衔臂章的广西省主席黄绍竑

黄旭初，广西省主席

宗仁、黄绍竑、白崇禧变成了李宗仁、白崇禧、黄旭初。

黄旭初之子黄武良：

当时李宗仁跟我爸是在玉林起家的，那时候在玉林叫定桂军，就黄绍竑跟白崇禧在梧州，叫讨贼军，后来因为形势的需要，李宗仁就容纳了黄绍竑来定桂军，当然李宗仁是老大，黄绍竑是老二。讲起来应该我爸是李宗仁的参谋长吧，应该是坐第三把交椅的，但是他不坐，他坐第四把，第三把他给白崇禧坐。白崇禧来做参谋长，他做副参谋长，结果对团结很有用。后来因为黄绍竑脱离广西到"中央"，才名正言顺的李、白、黄了。

"九一八事变"后，李、白、黄为首的所谓"新桂系"憋足了劲，他们对内致力于广西内部的变革与建设，对外联络广东，以抗日救国相号召，猛烈批评蒋介石的对日妥协政策。

台湾政治大学教授刘维开：

从1931年以后，两广，广东跟广西这边，它跟中央之间的关

20世纪30年代初建设广西时代的李宗仁（右）与白崇禧（左）

李宗仁为《桂林日报》题写的"焦土抗战"

系，跟南京中央的关系，其实是处于一个若即若离的。甚至我们讲呢，它是一种半独立的状态。因为它一直有一个西南政务委员会在那个地方，对于中央的号令，基本上它是不太接受的。

1935年冬，日本人策动华北自治，意在控制整个华北。在民族危机空前严重之时，李宗仁派与中共有历史渊源的刘仲容前往天津，联系上了中共中央北方局地下党负责人南汉宸等，开始与中国共产党建立了直接联系。不久，李宗仁还在天津设立秘密电台，以便及时与中共联络。此后，新桂系还派刘仲容为代表，三次到西安，两次到延安，同毛泽东、周恩来等中共领导人接洽。刘仲容向中共领导人详细介绍了广西的状况与动态，回到广西后，又向李宗仁转达中共关于建立抗日民族统一战线的主张。

1936年4月，李宗仁草拟了一篇《焦土抗战论》。李宗仁明确提出，为了救亡图存，"必须发动整个民族解放战争，本宁愿全国化为焦土，亦不屈服之决心，用大刀阔斧来答复侵略者"。这篇文章写成后，李宗仁曾送给主持西南政务委员会的国民党元老胡汉民，打算用他的名义发表，从而引起国人的重视。胡汉民觉得以文人的身份谈兵，反倒不合适。最终该文以李宗仁与广州记者谈话的形式刊于《广州民国日报》。文章发表后，全国各报竞相转载，立刻成为当时舆论最关注的话题之一。时人曾评论道："本文实为先生有系统地阐发其焦土抗战主张之第一声。"

1936年6月1日，对南京政府"攘外必先安内"政策不满的广东与广西，联合提出抗日反蒋，准备派兵取道湖南北上。史称"六一事变"或"两广事变"。6月8日，远在陕北的中共领袖毛泽东对红色中华社记者发表了对"六一事变"的讲话："希望西南领袖能彻底执行抗日救国的纲领，将两广打造成抗日救国根据地。"

广西区委党校研究员何成学：

"两广事变"期间，中共中央派了云广英到了南宁，跟李宗仁、白崇禧接触。他主要是传达中共抗日民族统一战线。桂系赞同中共的抗日民族统一战线，也表示今后希望双方加强合作抗日。在这个基础之上，多次协商。

蒋介石调集重兵南下阻截，以求乘势消除两广拒不听命的格局，双方几乎兵戎相见，酿成大内战。但进入1936年，南京已经无法压制抗日运动，共产党的抗日民族统一战线主张吸引和鼓舞着各界爱国人士，停止内战、团结抗日的呼声响彻全国。任何名义的内战都因有损中国的国力而受到质疑。

蒋介石用金钱瓦解了广东的反抗，但武力与金钱却不能使广西屈服，李宗仁等的态度很鲜明：蒋介石必须同意抗日，双方才可以和解，但考虑到中央政府的处境，具体的抗日计划可以保密。对倔强的广西，蒋介石放弃了动武的念头，在黄绍竑等信使几度穿梭调停后，双方决定罢兵言和。

9月17日，李宗仁乘飞机至广州与蒋介石会面，两个老对手稍作寒暄便匆匆话别，但自此双方言归于好，一场大内战消弭于无形。

蒋介石化解"两广运动"对他的威胁后，将注意力转移到"围剿"陕北的红军。

李宗仁首次提出焦土抗战，1938年，他的焦土抗战言论辑集出版

美国《生活》周刊刊载的毛泽东照片（1936年）

9月22日，毛泽东致函李宗仁等，表示"贵我双方订立抗日救国协定，实属绝对必要"，强调"中华民族之不亡，日本帝国主义之驱逐出中国，将于贵我双方之协定开其端矣"。广西和西北两面施压，催促蒋介石停止内战发动抗日的格局就此形成。

南京大学历史系教授申晓云：

当时民族矛盾成为主要的矛盾，国难当头，阶级矛盾要让位于民族矛盾，这个变化，中共是很清楚，当时也要建立抗日民族统一战线，处在政策转换的一个关键档口。所以对广西的争取实际上是个样本，怎么能够让各派捐弃前嫌，共同御侮，与广西的呼应跨出了非常重要的一步。

蒋介石还想督促东北军、西北军"剿共"。为逼蒋放弃"剿共"政策，实行联共抗日的新方针，1936年12月12日，张学良、杨虎城实行"兵谏"，扣留了蒋介石，"西安事变"的爆发，令全中国乃至全世界为之震惊。

中共中央迅速派周恩来赶到西安斡旋，化解了内战的危机。蒋介石的一

"六一运动"中的南宁学生（1936年）

1936年9月2日，居正（右三）、程潜（右二）、朱培德（右四）飞南宁代表蒋介石
与广西的李宗仁（右五）、白崇禧（右一）、黄旭初（右六）等议和

1936年，李宗仁（前排右三）、白崇禧（前排右五）等第五路军将领在桂林宣誓就职，中间为负责监誓的程潜（前排右四）

1937年元旦，《东方杂志》刊出了李宗仁的文章《民族复兴与焦土抗战》

李宗仁为《东方杂志》1937年元旦号题写的"唤醒同胞"

捉一放，"西安事变"的和平解决，使得国共两党的十年内战戛然停止。中国全面抗战的最基础的条件已经具备。

1937年5月，毛泽东会见前来延安的广西代表刘仲容，表示双方要共同督促蒋介石履行"西安事变"的诺言，实行对日抗战。6月，他又派红军将领张云逸前往广西。张云逸是参加过黄花岗起义的老同盟会员，北伐时又担任过第四军的少将参谋长。在广西军界多年，后领导过百色起义，创建红七军，担任过军长。张云逸和李宗仁在桂林的见面算是北伐战友的叙旧，也是在战场上交过手的国共两个第七军军长愿意和解的信号。他们交谈的主题是如何合作抗日。

6月下旬，张云逸代表共产党和广西及四川三方达成了《红桂川联合抗日纲领草案》，主要内容包括抗日收复失地，召开国防会议，树立抗日旗帜，抗日力量彼此间之互助。最后特别强调，红军、广西和四川三方进行合作以推动南京国民政府领导抗日。6月27日，毛泽东代表党中央复电认可：纲领草案是对的，我们赞成，本此做去；草案决定即请桂方向粤、港、沪各方努

"西安事变"后的毛泽东、周恩来与秦邦宪

"西安事变"的和平解决成为时局的枢纽。图为日本《朝日新闻》对事变的报道

力去做。这一举措首开中共与地方实力派签订抗日协定的先河。

张云逸之子张光东:

我父亲当时从中央的角度讲了之后,是希望他们联蒋抗战,改变了他们对蒋介石的态度。他们认可共产党提出联蒋抗日是对的,所以白崇禧他后来去了南京。所以我觉得联合抗战这个协议草案,不仅作为红(军)桂(军)川(军)共同抗日协议,而且实际上也促成了国民党内部的一个统一。

张云逸奉中共中央之命到两广从事统战工作

二

卢沟桥，位于北京西南的永定河上。夏日酷烈，卢沟晓月的景色却显得分外静谧安详。夜色中的大地已经数十年没有这么宁静过，强烈的抗日愿望促进了中国走向和平统一。这种局面是居心叵测的日本断不能容忍的。7月7日晚，日本侵略者悍然用枪炮打破了华北平原的宁静，"卢沟桥事变"爆发。全世界都在紧张地观察这场日本侵略者发起的武装侵略将会往什么方向演变。

桂林距离卢沟桥有两千多公里之遥，但广西人的危机意识和愤怒的情绪和各省同胞一样强烈。1937年7月12日，《广西日报》首席记者、采访主任哈庸凡，现场速记下了李宗仁讲话全文，连同采写的大会新闻报道，连续发表在第二天、第三天《广西日报》的显要位置。

《广西日报》刊载李宗仁在"卢沟桥事变"后发表的谈话，他认为该事件是日本整个侵华计划的一部分，只有发动全民族抗战才是生路

当时才23岁的哈庸凡，后来成为一名优秀的战地记者，深入抗战前线，跟踪报道广西军队为国而战的英勇事迹。

哈庸凡之子哈晓斯：

在7月12号在广西省政府大礼堂举办纪念北伐誓师大会，有军民，还有各团体的代表大概有五千多人参加。当时一些要员在大会上的演讲，他们一般没有稿子，需要有专人来做速记或者整理。7月14号在《广西日报》就发表了李宗仁这个演讲，题目叫作《恢复我们的黄金时代》。

李宗仁的演说被中外舆论看作是广西的"抗战宣言"。继中国共产党7月8日呼吁举国抗日的通电之后，广西方面在敦促全国各界，特别是国民政府下定全面抗战的决心上起了重要作用。

哈庸凡之子哈晓斯：

哈庸凡还专门采访了李宗仁，这是在"卢沟桥事变"后，李宗仁首次接受记者采访。当记者询问对于时局意见时，李宗仁不假思索地回答两个字："战争。"并且再次呼吁，唯有抱定焦土抗战决心，才能获得最后胜利。"战，战，战，用战争去争取和平，用战争去争取我们的生路。"

华北局势持续恶化，7月11日，日本内阁宣布增兵华北。7月15日至17日，日本参谋本部作出《形势判断》，制定了《对华作战要领》。接着，满载着日本兵的火车越过山海关，源源不

"七七事变"后，1937年7月12日李宗仁在北伐誓师纪念大会上演讲，哈庸凡速记稿

断到平津一带布防。在丰台进行战地报道的新闻记者范长江看到的是日军乘火车"经过中国的领土，开到中国的卢沟桥附近去打我们中国人！"

7月15日，中共代表团向蒋介石递交《中共中央为公布国共合作宣言》。这个宣言再次显示了中国共产党以民族利益为重，促成国共两党正式合作抗日的诚意。

同一天，李宗仁在桂林发出《致蒋委员长删电》，电文指出："若再不下全国抗战之决心，而尚图绝无希望之和平，前途危险，不可言喻。"这是在敦促蒋介石迅速下定抗日决心。

华北危在旦夕，国民政府如何应对？各方的目光注视着避暑胜地庐山。此时，国民党军政要人与社会精英正聚集山上，准备参加庐山谈话会。

7月17日，蒋介石发表题为《对卢沟桥事件之严正声明》的谈话，表示中国已经面临"最后关头"，再没有妥协的机会，如果放弃尺寸土地与主权，便是中华民族的千古罪人。"如果战端一开，那就是地无分南北，人无分老

1937年7月15日李宗仁就"卢沟桥事变"发出致蒋删电，痛陈抗日救亡主张，刊载于《广西日报》

幼，无论何人，皆有守土抗战之责任。"作为国民政府首脑，蒋介石终于表现出对日强硬姿态。对此，毛泽东评价说："确定了准备抗战的方针，为国民党多年以来在对外问题上第一次正确的宣言。"21日，李宗仁、白崇禧通电支持庐山讲话，声明说："宗仁等欣聆国策已决，誓本血忱，统率第五路军全体将士，暨广西一千三百万民众，拥护委座抗战到底，任何牺牲在所不惜。"

7月底，日军占领北平、天津，日本欲用武力彻底征服全中国的行径已经毫不掩饰，中国已退无可退。

1937年8月2日，蒋介石致电李宗仁、白崇禧，邀请他们到南京共商抗日大计。据黄旭初记载，当时担负送信任务的使者是刘斐，他特地上了庐山，请在庐山军官训练团的黄旭初和夏威各加写了一封信。

这已是"卢沟桥事变"后蒋介石的第三次邀请。

7月14日，宋子文以蒋介石的名义，邀请白崇禧到庐山或者南京会晤。白崇禧没应邀，桂系只派了黄旭初、夏威赴庐山。7月30日，陈诚约晤黄旭初、夏威，转达蒋介石对白崇禧的再次邀请。白崇禧还是没去。

台湾政治大学教授刘维开：

但是为什么广西这边呢，始终不太愿意到中央去。背后因素有的人就在分析说，因为看不出南京方面，对于抗日这件事情，有什么特别的举动。

对蒋介石的第三次邀请，广西内部依旧警惕，李济深、胡汉民等国民党要人曾在南京被蒋介石扣押的故事成为前车之鉴。后来白崇禧回忆这段往事时仍感慨不已："我与李德邻先生、李品仙、夏威、廖磊、黄旭初等人商量，众人皆反对我入京，唯恐中央对我不利。"

白崇禧之子白先勇：

蒋介石要召父亲去，当然前几年中央跟广西还在打仗的，李、白被开除党籍，还流亡海外，流亡到安南去，还是"你死我活"的那么一段子时间，那突然一下子态度改了，我想也就自然有很多疑虑了。我看了一些资料，我父亲他讲说："我们在建设广西的时候一直说建设军队是为了抗日，现在政府

19

决定抗日，那我们不踊跃参加，那我们所说的那些不是言行不一了吗?"

　　白崇禧自己这次不再犹豫，决意进京。他回家与妻子马佩璋商量。1925年3月，在率军统一广西，与桂系旧军阀沈鸿英决战时，白崇禧在桂林城中迎娶了这位书香门第的女子。白崇禧后来回忆说:"她平时虽不过问政治，但了解国家大事，要我自己决定，可以说当时只有她一人不反对我入京，给我精神上不少鼓励。"

　　在白先勇眼里，母亲马佩璋本是家中擎天一柱。

1937年9月，画家徐悲鸿为白崇禧赴南京参加国防联席会议所写的对联:雷霆走精锐，行止关兴衰

白崇禧之子白先勇:

　　我父亲决定了以后，他一定就会做的，我想我母亲不见得有那么大的影响，而且基本上我母亲对我父亲的公干很少干涉，我父亲也不喜欢有干涉。不过在很大的事情，有时候她对父亲的进言、判断讲的都还蛮准确的，像这个事情如果说我母亲很反对，那肯定有一点点影响。

　　一个女性影响了抗战大局，这个故事不胫而走，成为桂林市民津津乐道的一段佳话，流传至今。

　　1937年8月4日，上午10点半，白崇禧从桂林启程，李宗仁率3万余人到机场送行。这是极高的礼遇，广西军民欲与日军决一死战，此时的白崇禧便是他们意愿的代表。画家徐悲鸿意识到这是一个特殊时刻，写了一副对联赠送白崇禧:雷霆走精锐，行止关兴衰。以此描述白崇禧赴南京共赴国难。他在题词中写道:"健生上将于廿六年八月飞宁，遂定攻倭之局，举国振奋，争先效死。国之懦夫，倭之顽夫，突然失色，国魂既张，复兴有望，喜跃忭舞，聊抒豪情，抑天下之公言也。"

暴风雨中，白崇禧一行飞达武汉，再换乘南京派来的水陆两用飞机，于下午四点半抵达南京。何应钦、陈诚等一大批国民党军政界要人早已在南京下关迎候。南京各界人士为广西方面捐弃前嫌、共赴国难而兴奋不已。

和蒋介石交恶9年来，白崇禧第一次回到南京。作为蒋介石最强硬的党内竞争者，在和与战之间急需做出最后抉择的时候，广西代表白崇禧出现在南京，含义深刻。中国发行量最大的报纸《申报》更作为头号新闻迅速报道。

台湾政治大学教授刘维开：

白崇禧到南京，这个基本上就破解了过去广西跟中央之间的所谓的隔阂，所以白崇禧到南京这件事情，包括不仅是当时所有的国内外的媒体焦点之所系，当时报纸上面都用很大的篇幅在报道这件事情，而包括蒋先生自己本身，他自己在日记上都记了这个事情，对于白崇禧能够到南京这件事情，他也感到非常的欣慰。因为这件事情就表现出来，大家支持中央，他是一个非常具

1937年8月5日，《申报》对白崇禧来南京的报道

有指标性的人物。因为广西毕竟在地方上是最具有分量的。

蒋介石当晚就与白崇禧见面，共进晚餐。双方交谈很深入。蒋介石在日记中这样写道："白健生到京，团结可喜。"

8月7日晚8时，南京励志社灯火通明，决定和与战大计的国防联席会议在此召开。白崇禧、阎锡山、刘湘、何键等地方实力派重要将领出席。此时，受到邀请的朱德、周恩来等红军将领和云南省主席龙云等因交通不便还在途中。这个至关重要的会议开了三个多小时。四川省主席刘湘在会上表示：四川人民愿在政府领导下，作不顾一切的为民族求生存战；以两年为期，四川可筹出兵员五百万。

台湾政治大学教授刘维开：

这个国防联席会议是怎么回事，就是当时在中央政治委员会底下，有一个国防委员会，这个国防委员会比国防会议的成员要多。国防会议的成员仅限于军方还有地方实力派的这些军事领袖。可是国防委员会就不是，国防委员会是除了军以外，还包括党跟政合在一起，所以国防委员会参加人数比这个国防会议人多。

11点左右，夜已深沉，与会者对日抗战的情绪不断高涨。最后，会议要

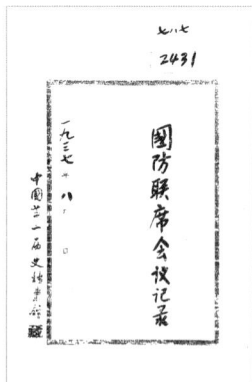

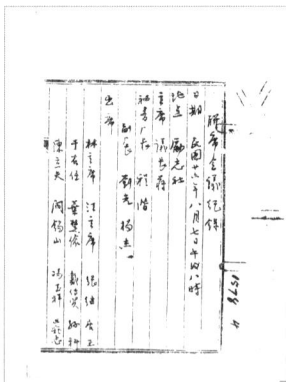

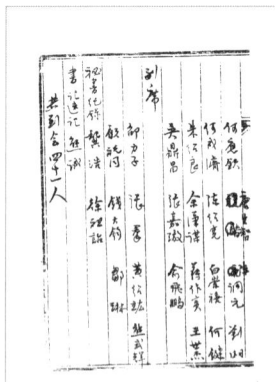

1937 年 8 月 7 日国防联席会议记录档案

求所有与会者对和战大计表态，"如决定抗战，请各自起立，以资决定，并示决心"。结果，所有与会者不约而同，全体起立，决定全面对日抗战。

与会的铁道部部长张嘉璈受到会场同仇敌忾气氛的感染，他在日记中写道："全场中举国一致精神之表现，恐为数百年来所未曾有。"蒋介石更是信心满满，在当天的日记中写道："国防会议开成，全国将领集京赴难，得未曾有之盛况，是为胜利之基也。"

这次会议属于当时的最高机密，中国新闻界并无任何报道，但日本报纸却在第二天就报道了这次会议，并猜测白崇禧将出任抗日军总司令。

查看这次会议记录的原始档案，可以发现白崇禧会议上很沉默，不仅如此，此后一段时间他都很低调。

台湾中正大学教授杨维真：
桂系在历史上曾经有三次反蒋的经验。所以蒋介石跟桂系的恩怨情仇，

日本报纸报道了白崇禧到南京参加国防会议的消息，甚至猜测他会不会担任抗日军队的总司令

其实是很错综复杂的。但是我自己认为，从相关的史料跟蒋的日记来看，就是蒋介石对于白崇禧一直是很赏识的，所以他们之间也曾经多次的合作。譬如说在1926年，北伐的时候，白将军就担任北伐军的副参谋长，也代理东路军。所以在这方面，其实他们早年就有合作的经验了。那到了抗战爆发以后，桂系就是由白先生来赴京共赴国难。

江苏省行政学院教授李继锋：

白崇禧到了南京，当天就和蒋介石进行了会面，两者进行了一个推心置腹的谈话。所以很快就发表他做军事委员会的副总参谋长。所以他这个角色发生了一个非常大的转换，本来他们是党内的竞争对手，但现在成了一个最紧密的合作伙伴，所以这个角色的转换，造成白崇禧他现在要谨言慎行，所以他在整个会议上，包括后来一段时间里面都显得沉默寡言。

白崇禧住在张学良名下的公馆里，他不仅和何应钦、刘湘等国民党将领频频交往，也和共产党领导人周恩来等见面。周恩来在给中共中央的电报中就曾专门提及此事。红桂川，也就是中国共产党、广西和四川三方合力推动南京政府抗战的战略意图已成现实。

三

8月13日，日本帝国主义在上海制造了震惊中外的"八一三事变"，淞沪会战爆发。

8月14日，国民政府发表《自卫抗战声明书》，谴责日本对中国领土主权的侵犯，表示"中国决不放弃领土之任何部分，遇有侵略，唯有实行天赋之自卫权以应之"。

8月15日，日本上海派遣军成立，松井石根大将为司令官。

日军在华北沿津浦、平汉、平绥三条铁路进攻，在上海挑起战火，南北战场同时发起全面攻势，中国处在万分危急之中。

李宗仁留在广西，忙于广西的各项抗战准备工作，其中军队的动员最为急迫。那时广西只有常备军14个团，两万多人，离计划征召的十万人的目标距离遥远，但广西民众救国心切，踊跃参军，由于报名的人太多，政府只能以抽签的方式决定取舍。这种场面当时在其他省份是难以见到的。由于从1933年广西开始施行寓兵于农的制度，即招募新兵入伍训练1年后可回乡务农，平时为农、战时为兵，加之几年的教育培训工作做得较好，广西兵员的素质在全国堪称上乘。

桂林李宗仁官邸陈列馆副研究馆员韦芳：

当时广西全省1300万人，李宗仁当时说，我要拥护国家抗战，我们广西出兵，可以出兵到300万人到400万人。从1931年开始到1937年，我们训练的民团就达到了300万人，但是最终我们广西出兵是达到100万以上。

满谦子作词作曲的《广西征兵歌》，当年曾激发众多广西热血男儿从军抗日，其歌词至今仍催人奋进：

征兵，征兵，征兵，征兵之道古盛行，
莫说好男不当兵，当兵才是好国民。
国势已危，山河将倾，大家快把义务尽，
报仇雪耻，救国救民，此时正好献身心。
同胞们，快猛醒，国土沦亡家怎兴？
同胞们，莫恋家庭，快快奋勇来从军！
快从军，快来从军，
随着大众向前进，我们的前途有无限的光明，
我们的前途，有无限的光明！

台湾辅仁大学教授林桶法：

除了中央嫡系的部队之外，广西的部队算是蛮现代化的。这个现代化其实包括两个，一个就是武器，一个就是概念，也就是信念。

广西军队的严整军容

短短两个月内，广西军队从14个团扩充至40个团，编成第7、第31、第48、第84共4个军。不久，4个军改编为3个集团军，即第11、第16、第21集团军，统一交国民政府指挥。

广西征兵如此顺利，成为当时中国独一无二的现象，它的基础就是广西民团制度的多年运行。

当时，广西的成年人都组织进民团，所谓民团，其实是由省政府自上而下直接组织、指挥和指导的民间武装力量。

广西的征兵吸引了全国的目光，国内外的考察者纷至沓来。

第46军新19师连长桂调元（93岁）：

东北的、西北来的络绎不绝，经常到广西来参观，看广西到底办得多好。人家一到广西来看，广西有很多绝招，因为全省都是兵，18岁以上的年轻人都打绑腿了，虽然他不是兵，是后备队，他是自己打起绑腿，像兵一样。人家看起来很羡慕也很惊奇，看见广西人这样做真的很惊奇，外省是做不到的。

广西征兵如此顺利，成为当时的中国独一无二的现象，它的基础就是广西民团制度的多年运行。当时，广西的成年人都组织进民团里，所谓民团其实是由政府自上而下直接组织、指挥和指导的。当时民团指挥官叫梁瀚嵩。

第46军新19师连长桂调元（93岁）：

梁瀚嵩有点神经，他讲话有头无尾的，所以很多人叫他"梁神经"。有一次山东的、西北的代表到广西来找梁指挥官，他就接见他们了，接见他们的时候他也不作声，一出来坐车，大家借他的车子，他由南宁出来一开就开到武鸣，南宁到武鸣才几十公里，很快就到了武鸣。他一到武鸣，就到武鸣的第一个乡的乡府，以前叫作乡公所，到乡公所去，他放了十炮。

炮响以后，不到30分钟，民团的团员纷纷赶来，他们穿着齐整的广西兵

27

Armed civilians of Kwangsi to the big parade.

广西南宁民团大游行（1936年）

的军服，各个还拿一支步枪。

外省人看广西，想着：广西是个穷省，怎么他们这么多枪，中央不会给他们买那么多枪啊，原来这些都是假的，是木头做的，和真的一样，但是颜色是上漆的，像新的一样。但是广西这个民团的办理的确是好，乡长集中来训练，招初中毕业以后不愿升学的学生来训练，训练以后就出来做乡长、做后备队队长、做各乡主要的武装干事，都是这些人，这些人都是年轻的，通通是18块钱一个月。

1935年3月，白崇禧在一次演讲中说："当民国二十年我出巡各处的时候，正值'九一八事变'之初，每问到各地的民众敢不敢去打仗，他们都是低头不语。这真使我们有些担心征兵行不通。可是，到今天事实是大大的不同了。问到打仗，大家都很愿意。这当然民团办得久了，心理建设有了成绩。"

广西抗战老兵桂调元

台湾政治大学教授刘维开：

中国的征兵制是到1935年、1936年这个时候才开始逐渐逐渐地施行，而且在部分地区施行。所以等到在抗战一发生的时候，因为原来是募兵制，募兵制就是他没有后备兵源……李宗仁、白崇禧跟黄旭初他们三个人，三人联手就把广西弄成一个像铜墙铁壁，所谓斯巴达的广西，中国的斯巴达一样。

《大公报》创办人胡政之曾到广西游历，对广西三个领导人印象深刻，他描绘道：

李以宽仁胜，函量最大；白以精干胜，办事力最强；黄则绵密而果毅，处分政务事务极有条理。他们三个领袖，皆能用个人所长，来以身作则，把勤俭朴质、刻苦耐劳的风气树立起来，传播到全省。

台湾辅仁大学教授林桶法：

一个省里面有三个大的将领，而能够合作那么无间的，其实只有广西。你看其他的广东、云南或者其他地方，根本不会有三个都很重要。

第46军新19师连长桂调元（93岁）：

有两次我父亲他带我到黄旭初家里走访，他们老人家坐，我们就站在旁边听他们讲话。大家都觉得黄旭初不像一个省主席，因为那个时候外省到广西来参观，一来都分不出哪个是大官哪个是小官，因为大家穿的衣服都是深灰色的。

广西当时最有特色的治理理念体现在三自三寓政策中。所谓"三自"指"自卫""自治""自给"，即在军事上实现自卫、政治上实现自治、经济上实

画家徐悲鸿所绘《广西三杰》，中为李宗仁，左为白崇禧，右为黄旭初

李宗仁（中）、白崇禧（右）、黄旭初（左）

现自给。所谓"三寓"就是寓征于募，寓将于学，寓兵于农。三自三寓政策成为广西的招牌政策，最终成就了它的"模范省"美誉。

南京大学历史教授申晓云：

所以那个广西精神力量很了不得，他把它鼓动起来了，我们就是穷，我们就是苦，但是我们就是穷干苦干实干，他的口号就是这个，另外他也有上下一样，当官的也是吃苦，也得做事，这样老百姓一看当官的也这样，我们大家都吃苦吧。

桂林城著名的风景龙隐岩，1937年7月21日这天，桂林一个普通的大家庭拍下了他们的纪念照。男孩中排行第25的唐仁光至今记得那个情景。

中国机械研究所高级工程师唐仁光：

我就记得过那个跳石的时候，我还掉到水里面去，他们把我揪起来，我就记得这一点。

1937年7月，桂林龙隐岩前，唐氏大家庭合影，照片题名"自成一家"

照片里还有一位身穿军装的青年，他叫唐信光，当时的年龄是19岁。

照片里的人表情安详，丝毫没有战争将临的恐惧。而几周之后，唐信光所在的广西空军将编入中国空军序列，投入极为惨烈的抗日空战。

全国抗战开始后，广西除了将军队全部交给南京国民政府军事委员会调度，而且将广西的兵工厂和空军悉数交给国民政府。对此，当时的广西省主席黄旭初评论说：

真够奇妙！广西与中央积累了多年的隔阂和猜疑，双方都无须何等的疏通和解释，而忽然消逝得无影无踪，开心见诚，互相信任起来。在中央敢放心以军国重任相委，在地方则军队任由调遣指挥。信生于公，这是全国抗战初期最难得的现象！

当华北和华中的战事进入白热化的时候，1937年9月22日，国民党中央通讯社发表《中共中央为公布国共合作宣言》。9月23日，蒋介石发表谈话，指出团结御侮的必要，事实上承认了中国共产党在全国的合法地位，标志着国共两党第二次合作的正式形成，推动了抗日民族统一战线的发展。

从8月中下旬开始，从西北到西南，改编为八路军的红军和桂军、川军、湘军、粤军等一批批军队从远离战火的后方开拔，向战火燃烧的华北、华东前线进发，准备与日军进行殊死的战斗。

1931年"九一八事变"时，未曾见到这样雄壮出师的场景，1894年甲午战争时，更未曾见过这样共赴国难的伟大一幕。以前看似一盘散沙的中国，突然间变成了怒吼的雄狮，世界舆论为之惊讶为之兴奋。

《广西军歌》（韩丰云回忆记谱）：

中国省份二十八，广西子弟最刚强，
天生会打仗，个个喜欢把兵当。
扛起枪杆上战场，
雄壮真雄壮，敌人看见就要慌。

桂林各界欢送抗日将士出征大会（1937年9月3日）

军队和民团本领都是同一样，

打倒一切恶势力，定家邦。

9月9日开始，广西第48军官兵作为先头部队从南宁、柳州出发，从西江东出广东，然后乘火车北上武汉。9月下旬，第7军从桂林出发，步行到衡阳后转火车北上。10月上旬，第31军装备完毕，誓师出发，从桂林开赴前线。

第46军新19师连长桂调元（93岁）：

广西兵出去的第一站就是湖南衡阳，到衡阳的时候，大部分广西的留守处都设在衡阳。

广西绥署保安4团团长蒙鹏飞之子蒙天祥：

我父亲给我讲过一段，他亲身非常感动的事情，当沿途经过广西、湖南，每停一站，老百姓围着车子不给走，车下是老百姓，车上是军人，哭成一团。

为什么？老百姓递水递茶递饭团，水果递上来，车上的军人接不完，不要再递了。让你们保家卫国，快吃饱一点，军人说我们不用吃，我们用命去打日本。我爸爸，大家都忍不住，军民一起掉眼泪。然后，广西部队就这样开出去中原来参加抗战。

第31军135师政工队员廖如玺：

枪口对外，齐步前进，不伤老百姓，不打自己人。我们是铁的队伍，我们是铁的心，维护中华民族，勇做自由人。维护中华民族，勇做自由人。装好子弹，瞄准敌人，一枪打一个，一步一前进。我们是铁的队伍，我们是铁的心，维护中华民族，勇做自由人。维护中华民族，勇做自由人。

1937年10月华北日军沿着津浦铁路南下山东，济南、徐州形势危急。

国民政府紧急电召李宗仁到东部前线，前往徐州出任第五战区司令。10月12日，李宗仁抵达南京。

在淞沪战场上，日本投入总兵力约30万人，动用军舰30余艘，飞机500余架，坦克300余辆。中国军队先后调集中央军和驻广东、广西、湖

抗战时创作的《钢军歌》

出任第五战区司令长官的李宗仁

南、四川、贵州、云南等地的部队共
70余万人。

10月中旬，由广西第48军和第7
军组成的第21集团军又紧急开往上海
增援。

血战的时候终于到来，广西将士
要在疆场上，显露自己的忠魂，为乡土
的荣誉、为祖国独立和民族尊严而战。

广西军队在行军途中

数十万广西将士长途跋涉，开赴华东抗日前线

第二章　大江南北

【编导手记一】

　　2015年1月29日，上海的天空阴沉压抑，淅淅沥沥的小雨滴打在金山卫的芦苇丛中。岸边，航拍老师王泽波一边调试航拍飞行器一边问我："风有点大，飞不飞？"王泽波毕业于航空工程学院，具备专业的理论知识，并有几年的航拍经验。我说："不光风大，这还下着小雨呢，你判断吧。"

　　六轴航拍器慢慢离地，升起，朝海上飞去。监视器里，杭州湾尽收眼底。当航拍器迎风飞行500米远、300米高时，向后转了180度，监视器里出现了金山卫的海岸线，在它的上空，是满天的乌云，我知道，乌云的背后就是上海。

　　1937年8月13日，日军制造"八一三事变"，开始进攻上海，淞沪会战全面爆发。日军虽然在武器装备上大大优于中国军队，但在中国军队的顽强抵抗下，其进展缓慢，代价巨大。

　　蕰藻浜，是上海现存除长江、黄浦江以外可以通航百吨级货船的河道之一，中日双方在蕰藻浜南岸地区，开始了淞沪会战中最为激烈的争夺战。

　　10月23日，反击战进入第3天，也是最为关键的一天。

　　第21集团军第7军第170师第510旅少将旅长庞汉桢，冲在最前面，敢死队紧跟在他身后。当日军再次猛扑我陈家行阵地时，庞将军率部死守不退，激战中不幸被敌炮弹击中牺牲，时年38岁。

第7军第170师第511旅少将旅长秦霖与庞汉桢旅长同一天牺牲于蕰藻浜反击战，时年也是38岁。战况紧急时，秦将军站在前线指挥，部下劝他躲避，他说：军人持干戈以卫国家，临难岂可苟免耶！秦霖先中枪，后中炮，为国家尽忠。

庞汉桢、秦霖，都是广西人，是广西军队为抗战而殉国的两位将军。

1937年11月5日，日军在舰炮的轰击和航空兵的火力掩护下，突破中国军队的阻击，在杭州湾北岸登陆。

11月12日，上海失守，第21集团军退向浙江。

在浙江省吴兴县东郊一个叫升山的小山丘，紧邻今天的318国道。第7军172师副师长夏国璋少将奉命率一个旅在升山一带布防，掩护大军撤退。在他的指挥下，全旅官兵虽然伤亡惨重，但完成了掩护大军撤退的使命。11月19日开始与日军恶战，11月21日，夏国璋在阵地上遭遇日军飞机空袭，不幸中弹身亡。这位从广西容县沙田村走出来的副师长，成为广西军队牺牲殉国的第三位将军。

1938年5月9日，第173师广西籍副师长周元率第1033团坚守安徽蒙城，在突围时，周元壮烈牺牲，广西官兵2000余人殉国。

据不完全统计，仅淞沪会战中就有两万多广西将士阵亡，几乎没有一人能尸骨还乡。当广西省政府把他们的部分遗物从前线运回故里送交遗属时，悲声响遍城乡村寨，无数招魂灵幡下，披麻戴孝的阵亡官兵亲属所祭拜的是一座座衣冠冢。

2015年2月4日，摄制组来到安徽省潜山县温泉镇。在镇里一个荒弃的土丘旁，有三块半掩在泥土中的墓碑，左边墓碑碑文刻有"陆军第48军"字样，中间墓碑字迹清晰，刻着"战死光荣"，右边墓碑刻有"军长"字样。

总导演杨小肃把准备好的一瓶白酒滴洒在墓碑上，敬上香烟，转身用手表指南针测试：看啊，墓碑正面向南100度……是广西方向……他们想回家啊。

我沉默了一下，心中默默举起右手，向广西殉国将士敬礼！

刘　勇

【编导手记二】

2015 年 5 月,我们《广西抗战纪事》摄制组在台北广西同乡会采访韦启美时,她父亲韦鼎峙已去世 6 周年。

韦鼎峙(1916—2009),广西融安县板榄镇人。1934 年 3 月考入广西航空学校。1936 年 5 月毕业于广西航空学校第二期飞行班(驱逐科),留校任飞行班(驱逐科)第三期飞行助教兼学生队队副。1937 年 9 月后任中国空军第三大队第七中队飞行员等职,参加台儿庄战役、武汉会战等惨烈空战。他的那部记述参战亲历和见闻的珍贵著作《抗日空战》已于 2005 年面世。

而在韦鼎峙身上留下 11 个弹洞的台儿庄战役归德上空遭遇战(第二次归德空战),作为中国空军以弱胜强、以少胜多的经典战例已载入中国抗战史册。

1938 年 3 月 25 日,河南归德前进机场,中国空军第三大队第七、八中队韦鼎峙和他的战友袍泽,驾驶 14 架满加油弹的苏联援华伊-15 战斗机,升空出征。

作战任务:攻击枣庄日军司令部和滕县一带敌军地面目标,然后升空巡逻警戒,掩护台儿庄前线友军作战。

韦鼎峙

这支中国空军机队，从大队长吴汝鎏到飞行员，原为广西航空学校师生。

成立于 1934 年 4 月的广西航校到 1937 年 9 月并入中央航校，仅历时三年零五个月，就拥有了飞机教导大队、机械厂、警卫大队、高射机关枪大队，先后招收飞行班、机械班、炮射士班、侦察学员班、特种学兵班，培养了 90 余名飞行员、70 余名机械师、20 余名轰炸员等。组建起装备英制、日制各式用途型号的飞机 60 多架，其中各型军用飞机 20 余架的广西（桂系）航空部队。

当时，中国合格飞行员未超过 600 人，起步最晚、发展最快的广西空军，成为抗战初期中国空军四大主力（中央、东北、广东、广西）之一。

抗战军兴，广西空军第一飞行教导队（驱逐机）、第二飞行教导队（侦察、轰炸机）改编成中国空军第三大队第七、八中队，第三十二独立中队和第三十四轰炸中队，由地方空军迈进国家空军战斗序列。

当时，他们的平均年龄二十三四岁，正是风华正茂，血气方刚。

1938 年 1 月 8 日，广西空军改编后首战，第三十二独立中队副队长韦一青率分队长杨永章、韦鼎烈、马毓鑫，队员蒋盛祐以 5 架驱逐机迎战空袭南

2015 年 5 月 26 日，韦鼎峙之女韦启美（中）在台北接受总策划苏新生（左）、撰稿李时新（右）采访

宁的14架敌机，击落、击伤敌机各一架；我军损机一架，蒋盛祜跳伞降落中被敌机追杀，中弹牺牲。

3月18日，二战（第一次归德空战），吴汝鎏大队长率第三大队第七、八中队9架战机轮番俯冲轰炸台儿庄前线日军阵地后，击落日军3架重型轰炸机，一架侦察机，我机无一损失，大获全胜。

吴汝鎏大队长向徐州第五战区长官司令部报告胜利喜讯，李宗仁将军亲自接电话，对参战飞行员大加赞许："就是敌人这架轰炸机天天按时来徐州轰炸，每天早、午、晚三趟，太可恶了！把它打下来，真是大好消息、大快人心，好得很，好得很！"

3月25日，归德上空遭遇战（第二次归德空战），正是第三次交锋决斗。

韦鼎峙《抗日空战》：

当大队长发现了地面目标，上空也没有敌机，遂下令对地攻击，先下降攻击者，迅疾上升掩护，相互支援……

第七中队首先对敌攻击，迅速降低高度，单机分散，自行选择目标，低空俯冲，投弹。每机一次性投下所载64公斤炸弹，敌阵顿时被毁车辆、火炮、木石、尸体横飞，余敌在一团团浓烟中狼狈奔跑逃命。

投弹完毕，七中队各机相继低飞通过我军阵地上空，缓缓摆动机翼，向坚守台儿庄阵地的我军将士致敬，再升上高空，掩护第八中队发起攻击。

守军官兵纷纷跳出战壕，举枪、脱帽欢呼，一时士气大振。

第八中队以相同战术对敌进行第二次攻击，投弹完毕，同样低飞通过我方阵地上空，再一次向守军致敬，然后迅速拉升爬高，整队返航。

就在此时，日军27架中岛97式和川崎95式战斗机，掩护轰炸机群狂轰滥炸我归德机场后，偷偷埋伏在我第三大队第七、八中队返航途中高空，企图趁我返航战机油料即将耗尽、准备降落之际，居高临下突然发起偷袭。

精心预谋埋伏并亲自带队发起偷袭的日陆航第16战队2大队1中队长加藤健夫大尉，"七七事变"后已击落8架中国战机，在日空军中号称"凶猛之鹫"，被誉为"驱逐机之王"。

加藤健夫也是一位"中国通"。1935年秋至1936年夏曾任广西航空学校教官，中国空军第三大队飞行官兵大部曾是他的学生。

台儿庄前线中国空军换装伊-15、伊-16苏式新战斗机后，战力大增，一度夺回制空权，日军损失惨重。

狂傲骄横又老谋深算的加藤健夫当然不会甘拜下风，他明里挑战激怒中国空军对决高下，暗中寻机设伏偷袭。

1938年1月31日，加藤健夫在护航轰炸机轰炸我军洛阳机场后，亲自投下战书：

勇敢的中国飞行员，你们的奋斗精神，吾人深表满腔之敬意；吾人欢迎中国战斗员，来我场上空决一胜负。——日本战斗队加藤大尉。

中国空军慨然应战，随即派出代表，向日军侵占的山东兖州机场回掷了应战书：

日本空军战斗员，前日接到贵队之战书，欲与本军决一胜负，本队甚为欢迎，吾人准备随时奉陪领教……。——中国空军战斗队。

代表中国空军驾机飞临山东兖州日军机场回掷应战书的是第三大队第八中队中队长陆光球中尉，广西田东县人，壮族，广东航校六期毕业后进入广西航校继续攻读飞行技术，成绩优异被派往日本明野飞行学校留学深造，回校后任飞行教导一队飞行员、副队长，曾是加藤健夫的学生。

此时，师生已成不共戴天的死敌，老师正在实施暗算学生的诡计阴谋。

老师以为稳操胜券，但失算了。他深知中国学生装备、训练、技战术水平和实战经验之不足，但他不了解并轻视了中华民族的铁血意志和牺牲精神。

韦鼎峙《抗日空战》：

当机队跨过陇海路南航时，不久我们前导分队，已明显看到归德机场，长机渐渐减速，缓缓下降。两个后续机群，此时本应该前进至我们的上空，何以抬头不见？遂转头极目后顾，居然给我发现在很远后方上空，已构成了两个战斗圈，敌我各机，正展开剧烈空战。有的机着火，也看见有人跳伞。判断大座（大队长吴汝鎏）及莫休分队长并不知情，我们只得争取时间，鸣枪报警……

陆光球中队长凭借伊-15爬升性能优越超过敌机中岛97和川崎95，临危不乱，速将油门加到最大，以几乎垂直的角度做爬升机动，很快摆脱4架敌机围攻。他抢上高空，居高临下俯冲发起攻击，四挺7.62毫米机枪一齐开火，打得一架敌机冒烟下坠。

第八中队副中队长何信击伤一架敌机后被敌围攻，胸中三弹身负重伤，弹尽油绝，驾机撞向敌机，与敌同归于尽。

第七中队分队长李膺勋调整好攻击角度，把最后的子弹全部打出，打得敌机凌空烧成火球。

第八中队分队长莫休一机独自断后，掩护警戒全队突围，飞机被尾追敌机偷袭，油箱着火，被迫跳伞，遭敌机扫射中弹殉国。

第七中队飞行员周善，第八中队飞行员黄莺、曾达池、黄名翔4人迅速编队相互掩护，拉起、摆脱、俯冲，日机群对这突如其来的变化显然没有准备，一下子被打乱了阵脚。4架"伊-15"奋不顾身冲向敌机，同时开火射击，整个战术动作一气呵成，各自击落或击伤一架敌机。敌机战斗队形大乱，我机被动危局顿时扭转。

韦鼎峙《抗日空战》：

我鸣枪后，即开满油门，同时迅速拉高机头，向右边来个急上升转弯而离队，当我机转到270度的方位时，突然发现右前下方，有一友机被敌追踪攻击，状极危殆！遂不顾一切，迅即压下机头，对准那追踪之敌……

韦鼎峙紧盯敌机不放，抵近至300米左右发现这架川崎95式战斗机上有"加藤之宝"字样，还有6个小飞机图案。他马上就想起，这就是加藤健夫的得意门生、心腹爱将川原幸助中尉的座机。

川原幸助在侵华战争中已击落过6架中国空军飞机，在日空军中几乎与加藤健夫齐名，号称"荒鹫美男子"。

韦启美：

他们在空中，整个人都投入了战争，一架飞机追一架飞机，一个盯一个。然后，他就盯到了一个飞机，飞机上面有一个标志。他知道那个标志，驾飞机的就是那个非常嚣张的，叫"荒鹫美男子"的日本飞行员。所以，他就拼命追，就拼命地要把他打下来。他后来对我说：这个日本鬼子打下了我们这么多架飞机，杀害了我们这么多的弟兄，我今天一定不放过他。

川原幸助当然并非等闲之辈，时而向左急转弯，时而向右急转弯，忽高忽低，弯弯曲曲，规避动作灵活老练，攻击动作凶狠准确，一面极力摆脱我机射击，一面猛烈向我机射击。

韦鼎峙一松油门，进入敌机后方视线死角。

川原幸助突然看不见我机，慌了手脚，一时操控过猛，飞机失速。

韦鼎峙紧紧咬住，扣动扳机。

川原幸助座机垂直尾翼被打烂，舱盖有机玻璃碎片飞迸四溅，拖着长长的火舌尾烟向地面栽去。

韦鼎峙《抗日空战》：

不意身旁竟出现两三架敌机，相形之下，友机却不见了。形势逆转，我变得孤单陷入重围。

时我穷于应付，不幸座机起火。敌人见火光烛天，即停止射击。火势从机头向后猛扑，整个座舱充满了火焰……

韦启美：

我爸爸也负伤了，鲜血不断涌出。因为飞机着火了，他就跳伞。他跳伞的时候才发现自己身上好像中弹了。失血很多，疼痛难以忍受，几次由于疼痛而濒临休克昏厥。

韦鼎峙《抗日空战》：

当日天气晴明，上升气流很强，托着我的大伞，迟迟不降，终于将我最基本一点体力，都消耗无余。一身疲乏，英雄末路，只有放弃生存希望了！心想，这就是报国最好的时辰了，但愿我死则国生，死而无恨！两手握不住伞绳，自然滑落下垂，两足停止摆动，这一刹那，合上双眼，为敌靶的。幸好遇到这两个虽是难缠之敌，却是"不列等"的射手，各人作最后一次射击后，都停止攻击。于是我临急智生，将计就计，把头极力低垂，佯为死状……

韦启美：

别的敌机来了，还一直绕着他，看他死了没有，想要补他一枪。他就假装死，在那个降落伞上面挂着。敌机绕绕绕了好久，才觉得他应该是死了，才放过他走的。他掉到河南归德马牧集的山区里面。那些村民看到飞机掉下来了，是我们的飞机掉下来了，就集结了村人赶快去救援，把他救下来。

那时候他已经不省人事了，都已经昏过去了。就在村子里面，村民七手八脚地把他救活了。

他说那时候因为高烧不退，村子里面老百姓还把童尿拿来给他喝，让他降温，让他伤口不要再发炎。这大概是中国的老古法，非常的有效，所以他就让村民给救活了。那时候就是这样全国敌忾同仇，有力出力。

韦鼎峙《抗日空战》：

总共击落敌机7架，均为"九五"式水凉机，敌尸统统烧焦在机舱里。

失算、失败了的加藤健夫大尉在这天的作战日志中写道："3月25日，在归德附近上空与支那强队遭遇，空战之烈，前所罕见。"

广西空军投入抗战两年，参加大小19次空战，共击落敌机23架，击伤30余架，90余名飞行人员中阵亡19人，负伤18人，殉职6人，伤亡惨重；昆仑关战役后再无力量以独立建制编组战斗，幸存的飞行人员和地勤人员分散到中国空军各部队，继续顽强抗战。

韦启美：

父亲伤愈归队后，又参加了好几次空战，因伤不得不离开战场回到航校当教官。我就看到他的身上深深浅浅11个洞。

我真正熟悉他，就是从他写出《抗日空战》这本书。我一遍遍读着爸爸的书，流着泪抚摸着爸爸身上的弹洞，倾听爸爸讲述归德上空遭遇战他和战友袍泽与敌搏杀的血火悲壮，他战伤后与敌斗智斗勇地死里逃生。

幸好父亲活下来了，才有了我们这些儿女……

1938年4月7日，归德上空遭遇战后第12天，台儿庄大捷。

李时新

蕴藻浜，西起吴淞江，东入黄浦江，蜿蜒38公里，横贯上海北部，是上海现存除长江、黄浦江以外可以通航百吨级货船的河道之一。1937年10月1日，中日双方在蕴藻浜南岸地区开始了淞沪会战中最为激烈的争夺战。距1932年"一·二八"淞沪抗战时隔不到六年，在这里中日军队再次殊死血战。

一

淞沪会战从1937年8月13日开始，围绕着中国最大的商埠与港口上海的争夺，日军的重炮、飞机、坦克、航空母舰、巡洋舰等重型武器悉数登场，上海城区和四郊燃烧着熊熊的战火。进行到10月上旬，由于中日双方不断增兵，战争逐步升级，进入胶着状态。主战场由上海城区转移到西北郊蕴藻浜。从1937年10月5日开始，连续二十余天，蕴藻浜占据了中外媒体有关淞沪会战前线报道中最重要的位置。

在蕴藻浜两岸，日军的炮火异常猛烈，坚守前线阵地的中国军队损耗严

淞沪战役时日军飞机飞越战场上空

重，对援军的到来望眼欲穿。

杭州到上海、南京的途中，拥挤着成千上万逃离家园的难民，因战场损耗，退下来整补的中国部队也不绝于途。一位叫黄沈亦云的女士正从浙江莫干山逃往南京，她已故的丈夫黄郛是蒋介石尊为兄长的国民党元老。在这条路上，黄沈亦云却见到一支军队与逃难的人群逆向而行。这些军人个子矮小，头戴英式钢盔，穿草鞋或打赤脚，向上海方向急行军。这支由陇海线东段调入淞沪战场的广西军队成为扭转淞沪战局的最后希望。

台湾中正大学教授杨维真：

桂军在整个中国近代的军史上面，其实是非常突出的。突出的原因，就是他是一个穷省，但是他的军队却格外能打。

广西军队的驰援，出自国民政府军事委员会副总参谋长白崇禧的主意。10月11日，白崇禧在与第三战区副司令长官顾祝同和第15集团军总司令陈诚等前线指挥官召开紧急会议时提议，在蕰藻浜两岸发动一次大规模反击战，打破僵局。反攻以广西第7军、第48军的四个师为主力，他们是广西军队的

淞沪战场上的日军重炮

精锐。

10月14日至17日，由第21集团军总司令廖磊统一指挥第7军、第48军各师官兵先后进入蕴藻浜南岸陈家行、谈家头、沈宅至大场以西走马塘南岸洛阳桥、老人桥一线阵地布防待命。

对48军176师师长区寿年来说，这是他第二次踏上淞沪战场。淞沪大军云集，能够两次在淞沪战场上亮相的只有张治中所率的第88师和87师，以及第48军的176师中的十九路军老兵。"一·二八"淞沪抗战时，区寿年任十九路军78师师长，但十九路军后因发动"福建事变"被解散，1936年"六一兵变"的时候又在广西重建，部分十九路军老兵编入176师。

10月18日，第三战区发布作战命令，发起蕴藻浜两岸反击战。主要目的："击破渡过蕴藻浜南岸之敌"，恢复蕴藻浜、走马塘中间地带的阵地。

10月21日晚8时，中国军队大规模反击战开始。广西参战部队编为第一路攻击军，分为左、右两翼同时揭开战幕。

一开始，双方就是对攻，战斗异常惨烈。广西军队从士兵到各级军官表现出他们的无所畏惧。但日军的火力如此猛烈，连部队中曾参加过"一·二八"淞沪抗战的第十九路军老兵也没有见过。第一天，就有多名团营长负伤，营长陈经楷阵亡殉国。

日军坦克给广西部队带来了重大伤亡，战士们用集束手榴弹爆破日军战车，向战车瞭望口投掷手榴弹，以自己的血肉之躯与战车搏斗，炸毁敌战车三辆，但自己的牺牲非常惨重。这天的战斗，阵地忽得忽失者凡三次，中国军人的呐喊之声震天动地，终于稳住了阵地。

10月23日，反击战进入第3天，也是最为关键的一天。

第7军第170师第510旅少将旅长庞汉桢冲在最前面，敢死队紧跟在他身后。亲自率领敢死队冲锋，是庞汉桢的一贯作风，最危急时，他总是冲在最前头，虽官至少将旅长，亲临一线拼杀依然照旧。

当日军再次猛扑我陈家行阵地时，庞将军率部死守不退，不幸被敌炮弹击中牺牲，时年38岁。

庞汉桢少将，广西靖西县人，壮族，是广西军队为抗战而殉国的第一位将军。出征前，他把民族英雄岳飞的《满江红》谱成曲，定为第510旅将士

第 7 军第 170 师第 510 旅旅长庞汉桢

的军歌，鼓舞将士，并安排好了家事。

庞汉桢之子、解放军防化学院教授庞彦:

那个时候，我 6 岁。但是，我记忆中爸爸要出征前，他安排家事。他肯定估计已经是一去不复返那种感觉，他每天一个手抱着我弟弟，一个手摸着我头，说以后就靠你了。

庞将军中炮牺牲，他的躯体被炸成碎片，仅找到一支戴手表的手臂。这支手臂被他的部下精心保存多年，1943 年葬于河南商城的忠烈祠。庞汉桢遗孀秦慧贞女士终身未再嫁，悉心培养两个儿子成才，至上世纪 80 年代辞世，享年 103 岁。

第 7 军第 170 师第 511 旅少将旅长秦霖与庞汉桢旅长同一天牺牲于蕰藻浜反击战，时年也是 38 岁。战况紧急时，秦将军站在前线指挥，部下劝他躲避，他说："军人持干戈以卫国家，临难岂可苟免耶！"秦霖先中枪，后中炮，和庞将军一样，为国家尽忠，不惜粉身碎骨。

第 7 军第 170 师第 511 旅旅长秦霖

秦霖的孙子、桂林第五中学教师秦强民:

他在出征之前也跟我奶奶说，我出征，你要好好地把儿子抚养成人，好好学习，成为一个对国家有用的人才，长大后好报答国家。然后，他让我奶奶弄桂林米粉给他吃，他比较喜欢吃桂林米粉。在这个过程中，他又跟我奶奶说，他说这一次出征可能尸骨都找不到，他是做好了牺牲的准备了。

战至 10 月 23 日下午，第 7 军、第 48 军的 4 个师，兵力损失达五分之三以上，已无法继续作战。从当晚20时开始，第7军和第48军逐次撤出战场。淞沪会战后期仅有的一次大规模反击战以失利结束。

1937年11月12日，上海失守，第21集团军退向浙江。当时浙江省主席是黄绍竑，他在广西的地位曾仅次于李宗仁，广西与蒋介石和解，他有斡旋之功。

浙江湖州市，原为吴兴县，东郊一座40米高的小山丘古称"升山"，紧邻今天的318国道。

第21集团军第7军第172师副师长夏国璋少将奉命率一个旅赶到吴兴，在升山一带布防，掩护大军撤退，于11月19日开始与日军恶战。

11月21日，夏国璋在阵地上遭遇日军飞机空袭，不幸中弹身亡。这位从广西容县沙田村走出来的副师长，成为广西军队牺牲殉国的第三位将军。在他指挥下，全旅官兵虽然伤亡惨重，但完成了掩护大军撤退的使命。

与庞汉桢、秦霖两将军一样，夏国璋将军的遗骸也没能还乡安葬。三少将均被追认为中将，他们的灵位，至今仍供奉在湖南衡山忠烈祠。

广西绥署保安4团团长蒙鹏飞之子蒙天祥：

我的姑丈姓何，叫作何玉州。他当时跟我讲，他的普通话讲得不标准，我模仿他的口音讲：我们广西部队上上下下只有八个字，只知任务，不知生死。

和三位将军一样，淞沪会战中两万多广西阵亡将士，几乎没有一人能尸骨还乡。当广西省政府把他们的部分遗物从前线运回故里送交遗属，悲声响遍八桂城乡村寨。无数招魂灵幡下，披麻

第7军172师副师长夏国璋

广西军民合作抗日一景

戴孝的阵亡官兵亲属所祭拜的是一座座衣冠冢。

庞汉桢之子、解放军防化学院教授庞彦：

我在家里面没有看到爸爸的军服。我只记得在老家，我们曾经做过衣冠冢，我记得放了一套呢子军服。

淞沪会战以中国军队伤亡25万余人的代价，毙伤日军4万余人，为上海工厂内迁，保存经济实力，为国家转入战时体制赢得了时间。

二

淞沪战场上广西子弟兵的惨重牺牲，深深刺痛着李宗仁、白崇禧。

他们意识到，现代战争靠的不仅是勇气，还需要强大的火力、机动能力，更需要战略战术上的智慧。"焦土抗战"是李宗仁提出的，是抗战决心的展示，但如何持久抗战下去，还需要全新的思路。

在华北战场上，八路军出师山西之后已将游击战作为自己的主要作战方式，据粗略统计，从1937年8月到1938年10月间，在中共领袖毛泽东发给彭德怀等八路军前线将领的电报中，80%的内容与游击战有关。他已将游击战从战术领域提升到了战略的高度。

1937年10月，白崇禧的机要秘书、中共秘密党员谢和赓在南京写了一份题为《全民军事总动员纲领与开展全国游击战争之方案》，建议实行全民军事总动员，并在全国训练组织游击队伍，以配合正规军进行长期抗战。白崇禧看了大为欣赏，做了修改，还加进了两句话，"以空间换时间，积小胜为大胜"。白崇禧并不知道谢和赓是共产党员，也不清楚谢和赓将共产党的理念糅合进了报告里。但他对全面抗战、游击战、运动战等问题的看法与共产党人多有契合之处。在与采访过毛泽东的美国记者斯诺交谈时，白崇禧表示，共产党所应用的有效的方法，革命的国民党都可以实行，共产党是抗日的，而且打仗打得非常好。

桂林八路军办事处陈列馆研究馆员文丰义：

以小胜积大胜，也通过白崇禧身边的机要秘书谢和赓，把它贯串于白崇禧的一些讲话稿里面，还有相关的宣传文件里面。

谢和赓的文章后来在香港出版的《天文台》杂志连载，刊物的主编是保定军官学校毕业的陈孝威。他为此文写了三百多字的按语，称赞谢和赓的方案是"大时代仅见之创作"。

51

谢和赓

1938年2月，周恩来在武昌抱冰堂对广西学生军发表演说

1938年1月，叶剑英在武昌蛇山抱冰堂对广西学生军作报告

1938年1月8日，在武汉召开的最高军事会议上，白崇禧提出了对抗战的重要建议。晚年白崇禧在回忆时提到，那次会议上，他提议，"由军事战发展为政治战、经济战，再逐渐变为全面战、总体战，以收'积小胜为大胜，以空间换取时间'之效"。提出要重视游击战，要重视民众组织和动员，以与军队进行配合。他将自己的思考浓缩成了12个字："以空间换时间，积小胜为大胜。"这些建议影响了蒋介石，他同意这些意见，并下发全军，成为国民政府的军事战略原则。

"以空间换时间"，"积小胜为大胜"，因浅显易懂，简明扼要，迅速变得家喻户晓。主管抗战宣传的郭沫若在回忆录《洪波曲》中写道："以空间换取时间，积小胜而为大胜。"差不多三岁儿童都可以背诵了。周恩来知道谢和赓写万言书得到白崇禧赏识的趣事，也知道这12个字的来历。他和叶剑英都表示首肯。叶剑英后来在桂林专门做过一次演讲，题目便是"积小胜为大胜"。

1938年2月，广西学生军途经武汉时，白崇禧邀请周恩来为他们做了抗战形势报告，介绍八路军敌后抗敌的经验。3月10日，白崇禧准备从武汉到徐州协助李宗仁指挥作战，行前他特地将周恩来和叶剑英约到家中，请他们贡献意见。周恩来告知白崇禧，中国共产党已令新四军张云逸的第四支队在津浦线南段协同广西军队作战，牵制日军，使其难以支援从津浦铁路北段南下的日军。他还建议徐州以北的作战采取阵地战与运动战相结合的方针，守点打援，以求各个击破。

三

广西桂林西郊，临桂区两江镇，李宗仁的故居。

李宗仁，字德邻，1891年生。自1908年考入广西陆军小学起，开始了他的军人生涯，从排长一直做到第五战区司令长官，陆军一级上将。1938年11月，蒋介石携夫人宋美龄专程来到这里，看望李宗仁并为他的母亲刘肃端祝寿。那个时候，台儿庄战役已经结束，李宗仁成为国内外皆知的抗战名将。

1938年初，日军为了实现迅速灭亡中国的侵略计划，决心攻占徐州，打通津浦线。为此，日军先后调集了8个师团约24万人，实行南北对进，夹击徐州。

南京失守前，内地的商业城市重庆被定为战时的陪都。但因交通便捷，长江中游的武汉成为真正战时中心。而当时武汉乃至全国关心的战事焦点，则在津浦铁路与陇海铁路的交汇点徐州，坐镇徐州的大将是第五战区司令长官李宗仁。此时，他47岁。

国民政府军事委员会先后调集了64个师约60万人，交由李宗仁指挥，在以徐州为中心的广阔地域上，同日军展开一场大规模的会战。

为了鼓舞第五战区将士的士气，李宗仁寻求空军的支援。他既不要求保卫徐州，也不要求配合陆军作战，仅要求中国空军的飞机在前线的敌阵转几圈，投下几颗炸弹，然后向我军阵地低空飞过一趟，以激励守军官兵的士气。

1938年3月25日，河南归德前进机场，中国空军第三大队第七、八中队韦鼎峙和他的战友袍泽，驾驶14架满加油弹的苏联援华伊－15战斗机，升空出征。任务是攻击枣庄日军司令部和滕县一带敌军地面目标，然后升空巡逻

李宗仁与众人合影

东战场主将　李宗仁

今天我提笔写这位东战场上我军主将李宗仁，先得说一说，李将军的过去与历史，在一般人听来，对於他的军政领袖，大家都晓得有两个半，除了李宗仁白崇禧之外，再有一个黄旭初。但是真正和李将军共同出世，而且现在呼应作战者，却不是白崇禧而黄绍雄，非但是同乡，而且是同学，与黄绍雄是同乡，因为李宗仁是广西省桂林县人，与黄旭初都是广西省人，惟其两人意气相投，均怀大志，故後来都进入黄埔军官学堂，毕业後充当之李宗仁，仅在一个乡村小学校里充当一个体育教员。

小学教员的清苦，是盖人所知，何况是身怀大志之李将军，就是青梅竹马的老朋友，也怀大志，那时总提倡广西省军政大权的是陆荣廷，李宗仁投身军界去，也是和黄绍雄一同去的，这两位难兄难弟，无论到那裹，都是在一起，後来分别在营长面团长，在军界中已稍有壁名，但很不满意陆荣廷之专政，所以再和黄绍雄投身於广州政府，努力於革命事业。

到民国十四年，先生在广州担任广西军司令部督办，黄绍雄则为副督办，两人依然手臂相连，暂师北伐，李宗仁即将所部广西军，改编为第七军，李任军长，黄绍雄副之，当年转战数千里，攻无不克，战无不胜，威震中外，有功于革命史续不少。当武汉政变与将军两目，烟烟有光，确具千军勇将之威，

1938年3月，《孤军》杂志刊载《东战场主将李宗仁》一文

警戒，掩护台儿庄前线友军作战。

韦鼎峙《抗日空战》：

天色未明，即燃烛进餐，然后掌灯笼进机场。此时辛劳的机械人员，早已为我们的战机准备妥当。每人再做必要的检查后，即登机依序起飞。机愈升高，东方益愈明亮，一面整队，一面迈上征程，浩浩荡荡向台儿庄前线敌阵逼近。

这两个中队的中国空军，皆由原来的广西空军编成。从大队长吴汝鎏到飞行员，清一色均为广西航空学校师生。

他们迅速降低高度，俯冲，投弹。每机一次性投下所载64公斤炸弹，敌阵顿时木石、尸体横飞，余敌在一团团浓烟中狼狈奔跑逃命。投弹完毕，飞行员驾机低飞通过我军阵地上空，缓缓摆动机翼，向陆军将士致敬。守军官兵纷纷跳出战壕，举枪、脱帽欢呼。

就在中国战机整队返航回归德机场之时，早已埋伏的日军27架中岛97式和川崎95式战斗机，居高临下发起偷袭。32架飞机在虞城和归德上空激烈缠斗交火，日军飞行员加藤健夫在日记中写道：

3月25日，在归德附近上空与支那强队遭遇，空战之烈，前所罕见。

这次战斗中国空军重创日军，自己也付出了死伤6人的重大代价。副中队长何信等牺牲，中队长陆光球等受伤。

韦鼎峙《抗日空战》：

空战结束后，根据各地回报，结果是这样：总共击落敌机7架，均为"九五"式水凉机，敌尸统统烧焦在机舱里。我方阵亡3人，并已查明系八中队副队长何信，他系在机上就被敌弹击中；另一位是七队分队长李膺勋，及八队分队长莫休，他两位都是跳伞后被击中的。另外我方跳伞获救的有2人，那就是八队队长陆光球、七队队员韦鼎峙。油尽迫降受伤者有七队队员周善，连同大队长的飞机，则共损失7架……

韦鼎峙在战斗中击落一架日机，自己中弹受伤。

空军飞行员何信

何信与妻儿合影

1937年，广西航校自制出单座战斗机。图为设计者朱荣章厂长与试飞的飞行员陆光球（右）

韦鼎峙之女韦启美：

爸爸身上已中弹他也不知道。因为飞机着火了，他就跳伞。他跳伞的时候才发现自己身上好像中弹了。失血很多，疼痛难以忍受，几次由于疼痛而濒临休克昏厥，他就挂在那个降落伞上面，但头脑还是很清醒的。

韦鼎峙《抗日空战》：

猛然一阵霹雳机枪，从头顶上空横扫下来，枪声也越来越凶猛。我不管两架敌机怎样轮番攻击扫射，手握紧伞绳，以自身的重量，作不规则的摇摆。只见那发光的子弹，像雨丝般地掠身而过，叨蒙祖宗阴德，上苍保佑，就没有一粒子弹击中我。

韦鼎峙之女韦启美：

他掉到河南归德马牧集的山区里面。那些村民看到飞机掉下来了，是我们的飞机掉下来了，就集结了村人赶快去救援，把他救下来。

那时候他已经不省人事了，都已经昏过去了。就在村子里面，七手八脚地把他救活了。

美国《生活》杂志刊登的中国战士

美国《生活》杂志刊登的中国童子军

他说那时候因为高烧不退，村子里面老百姓还把童尿拿来给他喝，让他降温，让他伤口不要再发炎。这大概是中国的老古法，非常的有效，所以他就让村民给救活了。

韦鼎峙是为数不多的幸存者，后来官至空军少将。他一生四处飘零，终老台湾，直至去世。只有战时的伤痕伴随了他一生。

韦鼎峙之女韦启美：

我们小的时候，跟父亲相处时间不多。他回家的时候，帮孩子们洗澡，很节省热水，我们洗完了他洗，所以我就看到他的身上有一个个洞。那时候我看了很害怕，因为我很小。后来稍微大一点点，我就问父亲，我说你这个是怎么回事？他才讲，是被子弹打的。我数了一下，深深浅浅11个洞。那时他很瘦，从每一个弹洞，好像几乎都可以摸到骨头……

每每说到这里，韦启美就会泪流满面。

　　耄耋之年，韦鼎峙最爱唱又完整记得歌词的唯一歌曲就是广西航空学校校歌：

　　领空，中华领空，长天浩荡无穷！航空，防空，我们空中之雄。看：华夏江山被寇，要与列强奋斗，为国杀敌去，勇气贯长虹！来，齐努力，准备着，复兴民族任前锋！

　　鉴于徐州一战关乎整个战局，蒋介石不仅亲自前来徐州视察，还将参谋团留下来协助李宗仁指挥。

　　第五战区的部队成分复杂，第11集团军是广西的子弟兵，汤恩伯军团属中央军嫡系，邓锡侯部是川军。此外还有东北军于学忠、缪澂流部，源自西北军的庞炳勋、张自忠、孙连仲等部。将这些军队凝聚起来打仗对任何一个统帅都很困难。

美籍华人、李宗仁之侄李伦（84岁）：

　　台儿庄大战之前，广西跟四川的子弟兵，他们穿着薄薄的单衣，而且穿草鞋，用的枪子弹都不够，所以他（李宗仁）看见这个事情就跟中央政府交涉，他说一定要装备他们的枪支跟弹药。他们兵士跟士官收到枪支跟子弹的时候，好像个小孩子得到一块糖那么高兴，非常高兴。再加上我叔叔发放冬衣，而且发放军饷，士兵跟士官他们就说，有的擦出眼泪，他们说李公，就是厚道。我叔叔讲这个事情的时候，他是这样讲，他说我哪里是厚道，我是做事公平。

　　当时，张自忠、庞炳勋等部都属杂牌部队，但李宗仁一视同仁，令他们心生感激："带兵数十年，从没遇见如此宽宏大度、关心部下的长官！今后愿意战死沙场，以报司令长官的知遇之恩。但第五战区副司令、第3集团军总司令韩复榘无动于衷。他统治山东省多年，军饷不愁，但日军侵入山东时，他只想保住实力，一退再退。黄河、济南、济宁相继失守，徐州形势危急。蒋介石担心第五战区长官部临时撤退不及，为日军所俘，让李宗仁将长官司

中国军人在街头进行抗日宣传

李宗仁（左）、蒋介石（中）、白崇禧（右）在徐州前线

津浦线南段中国军队准备渡河进攻

抵达津浦铁路南段的广西学生军女战士（1938年）

战争中被炸毁的淮河铁桥

令部从徐州迁往河南商丘或安徽亳县。李宗仁顾及稳定军心以及指挥方便，未离开徐州半步。后来，第五战区关于台儿庄战役总结中指出："最高指挥官之镇静于前方士气之影响极大。徐州于二月上旬敌由兖州南下、蚌埠北进时，岌岌可危。战区司令部本应早已离徐后撤，然以长官之镇静处之，不仅得支持三个月之久，且获台儿庄之胜利。"

当时日军分三路来犯徐州。华北日军第10师团从津浦铁路南下，第5师团从青岛登陆西进，华中日军第13师团从津浦铁路南线由南向北进犯。李宗仁决定发挥内线作战的优势，分头阻击，阻止日军合围。滕县、临沂和淮河成为三个最主要的防御支撑点。

津浦线南段，由来自广西第11集团军第31军正面防守，他们大多数是刚招募的新兵。面对实力数倍于己的敌人，第31军潜伏于易守难攻的滁州、明光一带的湖沼和丘陵交错的地区，采用灵活战术，使敌人的机械化部队难以施展。血战月余，竟然使骄横的日本军难越雷池半步，消耗牵制敌人达40多天。

1938年2月以后，第21集团军也从浙江赶赴安徽，与第11集团军共同御

进入峰县的日军坦克

敌。日军一直过不了淮河，后来好不容易过了淮河，又被中国军队压迫回去。

台湾作家王逸之：

台儿庄战役胜利的主要基础，在于汤恩伯跟孙连仲部队的攻守。在南边，在蚌埠以南的地段就有桂系的部队，桂系的部队三个军由李品仙来指挥，来阻止日本人北上会师。所以日本人只有从北方到徐州来。

日军不仅在津浦路南段动弹不得，在北线和东线，也开始遇到强有力的抵抗。在徐州北部的滕县，面对日军第10师团的进攻，第22集团军第41军代军长兼122师师长王铭章率部死守，直到城陷人亡。第122师以寡敌众，谱写了川军历史上最光荣的一页。

在徐州东北部的临沂，庞炳勋部第3军团苦守难支时，得到张自忠部第59军支持，双方合力，终将当面之敌日军第5师团击溃。

有利的战机终于出现，日军第10师团突破滕县后，贪功冒进，孤军抵达徐州东北的屏障台儿庄。李宗仁命令擅于防守的孙连仲第2集团军守卫台儿庄，同时让装备精良的汤恩伯军团寻机夹攻突进之敌。

台儿庄会战激烈时，李宗仁冒着枪林弹雨亲往前线督战和指挥。孙连仲激动地说："长官有此决心，第2集团军牺牲殆尽不足惜，连仲亦一死以报国家。"

日军一度占领台儿庄城的四分之三，坚守台儿庄最后一隅的池峰城师长向孙连仲请求将部队撤过运河。孙连仲命令："士兵打完了，你就自己填上去，你填过了，我就来填进去，如果有敢退过运河者，杀无赦!"池峰城下令炸毁运河浮桥，以背水一战的决心，指挥部下守住了阵地。

美籍华人、李宗仁之侄李伦（84岁）:

他（李宗仁）说台儿庄差不多结束的时候，他忽然发个命令给孙连仲，他说准备敢死队，他发了十万大洋，就是请敢死队晚上冲杀日本军营。那么敢死队呢，一下子招到很多人参加，但是他们对奖赏十万大元一点不感兴趣。他们说，为国效力是他们的责任，钱回来领赏，不能够回来就希望长官跟同胞祭一杯酒，他们就感激不尽了。

关于这支敢死队，李宗仁晚年还向侄儿透露了一个不为人所知的细节。

美籍华人、李宗仁之侄李伦（84岁）:

还有个事情，《回忆录》没有讲，我叔叔跟我讲过很多次，他说敢死队出发的时候，有个暗号，暗号呢，就是把左边这个袖子剪掉或者卷起来，他们说冲进军营的时候，有光能够看见，见到有两个袖子的、同时光着手的人就知道是日本兵，他们就开枪，近距离就用刺刀、大刀砍杀。

View of Taierchwang station.

恶战后的台儿庄一片废墟，但成了象征民族精神不朽之胜迹

《李宗仁回忆录》是唐德刚采访晚年寓居美国的李宗仁后所撰，遇到史实问题他会和李宗仁的侄子李伦核对，李伦和九叔李宗仁在一起生活了八年。李宗仁常常和他谈得通宵达旦。

美籍华人、李宗仁之侄李伦（84岁）：

我叔叔有个很奇怪的习惯，他不大睡觉。只要睡两个小时就差不多了。假如他睡三个、四个小时就是了不起的享受。他是开玩笑地说，在战场上对战的时候，对方呼呼大睡，他就在沙盘上面演示，他就看看有什么方法对付对方的攻守，而且用什么方法打败对方。

4月3日，中国军队向台儿庄之敌发起总攻。

战至4月7日凌晨，中国军队以伤亡7500人的代价，取得歼敌11000多人的战果，成为全国抗战以来最大的胜利，中国军队第一次在正面战场的正面交锋中击溃并重创日军。

台儿庄会战之时，一个来自国外的摄影队到达徐州火车站。尤利斯·伊文思，荷兰人，电影纪录片导演。他来到中国的目的，就是为了拍摄一部中

李宗仁在台儿庄激战之地留影

设在徐州的第五战区司令长官部

中外记者赶到台儿庄采访

国抗战的纪录片，片名就叫作《四万万人民》。伊文思回忆说："我们正好准时到达，中国军队正在台儿庄附近围困日军。卡帕在为我们这个小组拍摄，我在考虑这场为独立而进行的战争中非常独特的情绪。在中国历史上，这还是第一次使所有军队联合起来。"从纪录片《四万万人民》中，可以清楚地看到战后的台儿庄内一副残垣断壁的景象。这部片子后来在世界各地播发。

战地记者罗伯特·卡帕拍摄了一组台儿庄之战的照片在美国《生活》杂志刊发，他在图片文字说明中写道："历史上作为转折点的小城的名字有很多，滑铁卢、葛底斯堡、凡尔登……今天又增加了一个新的名字——台儿庄。一个小得不能再小的城镇，一个京杭大运河经过的城镇，一次胜利已使它成为中国最知名的村庄。"

台儿庄的胜利消息，让武汉市民仿佛过了一个狂欢节。郭沫若主管的第三厅，本来就准备举办火炬游行，结果"7号消息传播开来，当天把那火炬游行提早进行。真个是家家庆祝，人人称贺，参加火炬游行的，通合武汉三镇，怕有四五十万人，特别是在武昌的黄鹤楼下，被人众拥挤得水泄不通，轮渡的乘客无法下船。火炬照红了长江两岸。唱歌声，爆竹声，高呼口号声，仿佛要把整个空间炸破"。

李宗仁成为英雄，上了中国时尚杂志《良友》封面。武汉三镇市民为庆祝台儿庄大捷举行大游行的时候，也举起了他与白崇禧的画像。

美籍华人、李宗仁之侄李伦（84岁）：

我叔叔说胜利是好事情。但是，中国人民跟外国的武官把这个功劳都给他一个人，他说太不公平。他说这种胜利是要给战场上面，参加战争的而且死掉、阵亡的将士，他们才是功劳者。我叔叔讲这个事情的时候，他是眼泪都有了。

周恩来在《解放》杂志上发文盛赞台儿庄大捷："这次胜利虽然在一个地方，但它的意义却在影响战斗全部，影响全国，影响敌人，影响世界。"

对这场胜利，白崇禧从战术的角度进行了分析，他写道："台儿庄会战的胜利是在战术上运用游击战配合阵地战的结果。"陈诚从整个战局出发，对台儿庄之战的胜利原因作了诠释："目下敌军在中国境内各战场者（东北4省不算），计共有50余万人，而参加台儿庄会战，不过五六万人，彼何以不抽调

67

作为台儿庄战役的主将，李宗仁成为《良友》杂志的封面人物

《大美画报》将李宗仁作为封面人物

它处兵力增援，此盖因我国自采用游击战以来，各处围歼其小部，袭击其后方，即如山西境内，我方有20万之游击队，遂使敌5师团之众，只能据守同蒲路沿线，不敢远离铁路一步，其他平汉线以及江北、江南、浙南各战场，均自顾不暇，遑言抽调，以远水不救近火，故台儿庄之战胜，在战略上观察，乃各战场我军努力之总和，不可视为一战区之胜利，简言之，即我游击战运动战，在战略上之功效也。"

台儿庄大捷后，兴奋的蒋介石不断调集大军到徐州附近，准备扩大战果。同时，台儿庄之战后，日方破译了中方密码，发现大批中国军队正集中到徐州一带。日军大本营决定调集军队，以日军华北方面军4个师团、华中派遣军两个师团合围徐州，歼灭第五战区主力。

安徽蒙城，位于徐州西南。如此城不保，日军就将截断陇海路，对徐州形成合围之势。第173师副师长周元率领第1033团坚守蒙城。

周元的孙女周凤林：

当时我的爷爷就对孩子们的外婆和孩子的舅舅、舅母说，这几个孩子我就托付给你们了。现在抗日战争爆发，我是军人，我要上前线，这是我的使

突破蒙城城墙的日军

命和天职。

1938年5月9日，周元率一部突围时牺牲，广西官兵2000余人壮烈殉国，只有21名士兵突围。攻城日军也付出了1000余人的重大伤亡。

安徽蒙城县宣传部副部长蔡洪光：

周元带领他手下还有另外一些在城内巷战的官兵，大概和他一起有六七十人，向东城强攻，把敌人的火力吸引到城内来，掩护凌云上和梁家驹带领的百十来人向东突围。这样才使得他们得以顺利突围。最后周元副师长就在城内壮烈牺牲了。

第48军173师副师长周元

周元牺牲后，《新华日报》发表短评《悼周元师长》，痛惜国家失去了一位良将。

周元的孙女周凤林：

当时只知道在蒙城阵亡。具体怎么牺牲的经过，是我们后来慢慢地收集一些资料才知道的，我父亲当时也很年轻。我们是后来看到梁家驹参谋的那一篇《周元将军壮烈殉国纪实》，我们才知道详细的情况。

战后，蒙城地方各界民众将殉国将士忠骸殓收后埋葬于城外庄子祠东侧，命名为"抗日将士忠烈墓"。周元则另立一墓，墓碑刻有"周副师长殉国记"碑文，同时还把城关镇改名为周元镇，把乐青小学改为周元小学。在蒙城至今仍然有老人记得这样一首歌谣：广西省，明江县，有个将军叫周元；带大兵，守蒙城，不顾自己死与生；抗击日寇威名大，杀得鬼子血流河。

蒙城等地失守后，李宗仁迅速冷静下来，无意在徐州这个四面受敌的平坦地带和日军一较高低，决定放弃徐州。18日黄昏，他率700多司令部的官兵撤出徐州，但都已在日军包围圈中，随时可能遭遇不测。他们骑马赶路，为躲避空袭，昼伏夜行，战马善解主人之意，不轻易驰动，也不嘶鸣。以致日机六天的空中搜索，毫无收获。那六天里，为避免为日军所发觉，第五战区总部没有发一个字的无线电报，可见形势的严峻。得到廖磊第21集团军的接应后，李宗仁等摆脱危险，钻出日军包围圈。

美籍华人、李宗仁之侄李伦（84岁）：

我叔叔当时说，除了台儿庄大战，还有徐州会战，徐州会战很多人没有注意，他说他带领60万大军，在日本几个精锐的兵团包围之下，他能够逃避出来。

5月19日，徐州失守时，亡国论者认为中国不可能取胜，速胜论者却认为日军已是强弩之末。在延安简陋的窑洞里，毛泽东废寝忘食，写成5万余字的《论持久战》。这本小册子于1938年7月出版，在延安解放社出版的单行本扉页上，有毛泽东的题词："坚持抗战，坚持统一战线，坚持持久战，最后胜利必然是中国的。"简明扼要的25个字，提炼出《论持久战》的精髓。邵洵美，新月派诗人，主动将《论持久战》片段在英文杂志《Candid Comment》连载发表。在编者按中，他写道："近十年来，在中国的出版物中，没有别的书比这一本更能吸引大众的注意了。"在英文版《论持久战》序言中，毛泽东写道："伟大的中国抗战，不但是中国的事，东方的事，也是世界的事。"他预言日军进攻武汉最终将导致抗日战争战略态势发生巨变。

四

武汉，地处长江中游，是当时中国内地唯一的工业城市。汉阳兵工厂出产的"汉阳造"是许多中国士兵的心爱之物。它地处中原，号称九省通衢，1936年粤汉铁路全线贯通，连接平汉线，使武汉成为内地最重要的交通枢纽。

5月19日，徐州沦陷后，保卫大武汉成为最紧要的任务。

当时，最刺激武汉市民视觉神经的是一幅《全国总动员》的大壁画，这幅60丈宽、80丈长的巨型画卷绘制在黄鹤楼下的大墙壁上。全武汉的画家们留下了他们的彩笔，也表达了国人的心愿。

日军大本营确信，占领武汉与广州，将是对中国最致命的一击。为此，日军华中派遣军动员的兵力达25万余人，以及各型舰艇约120艘，各型飞机约300架。

国民政府军事委员会决定以第五、第九两个战区所属部队保卫武汉。参战部队总兵力近100万人，从6月开始到10月底，中国百万大军利用鄱阳湖、大别山、幕阜山和长江两岸的山川湖沼天然屏障，在安徽、江西、湖北、河南等广阔的区域与日军展开一系列的防御作战。

日军进攻武汉的部队以第11军的5个师团，第2军的4个师团为主。

保卫武汉由蒋介石任总指挥，第九战区部队负责江南防务，武汉卫戍部队和江防守备部队固守武汉核心地区。第五战区负责江北的防务，所属兵力分成了两大兵团，孙连仲将军率领第三兵团负责在大别山一带的防御，来自广西的李品仙将军率领第四兵团在长江北岸抵抗日军。

李宗仁那时突然生病，7月6日住进了东湖武汉疗养院。

白崇禧之子白先勇：

那时李宗仁打完徐州会战就生病了，他本来就有胃病，他的胃病一直不好，后来流血，李宗仁生病我父亲代他的，代第五战区司令官指挥武汉保卫战，打得很辛苦的。

日军第6师团沿江突进，从长江北岸的潜山、太湖、宿松间的狭长地带向西猛攻，8月3日占领黄梅。

白崇禧见日军第6师团第11旅团孤军深入，决定围歼该部。

李品仙的第11集团军担负主攻的任务。在成功切断了日军第6师团的陆上补给线后，黄梅的日军弹尽粮绝，几乎遭遇到灭顶之灾。同时日军进入安徽后，很多官兵染上恶性痢疾，战斗减员严重。可惜的是，本来的长江天堑却变成了日军后勤运输的坦途，日军第6师团改由小池口得到补给。中国军队围攻不下以后，日军反击，进攻广济。30公里的路程，日军整整苦战了8天。

双城驿介于广济、黄梅两县之间，为兵家必争之地。1938年9月5日，广西第84军第189师负责反攻此地。

《广西日报》特派战地记者哈庸凡参加了双城驿的反攻，他后来在战地通讯里写下了这样一番感慨："为了七年来的深冤大恨，为了保卫国家民族的生存，我们的八桂健儿终于以最大的勇气，猛扑到敌人的身边……"

哈庸凡之子哈晓斯：

这场战争士兵都是广西的士兵，接到命令以后，欢呼，兴奋，就想到战场上去杀一把敌人过过瘾。

反攻一天，189师官兵攻破日军阵地，夺回双城驿，并获得国民政府军事委员会传令嘉奖。筋疲力尽的日军攻取广济之后，又休整了7天，才继续向武汉方向进攻。

第五战区将士在富金山、黄梅、田家镇等地频频重创日军，而日军虽然能够攻城略地，但却没有能够围歼过一个整师的中国军队。9月9日，白崇禧打电话给军令部长徐永昌等，仍然"极主保持持久不决战"。

白崇禧之子白先勇：

那么以空间换时间，他看到日本的长处和短处，我们中国的长处、短处，中国最大的本钱在哪里？我们有广大的土地，日本那个国家是个岛国，一下子吞不了那么大一块土地，如果把它的补给线拉长，把日本人的军队引到内地去，内地的地形以山区崎岖不平，交通不发达、交通很落后，日本人现代的武器、坦克、战车不容易开进去，把日本人拖住，从海岸这边往那边拖，把它陷入中国大的空间泥沼里面。他这个想法怎么来？这个是他亲口跟我讲的。

南京大学历史系教授申晓云：

我们国家那么大，你日本人进来真的只能占领点线，而广阔的其他地方

安徽安庆城内的抗战标语

你是占领不了的，中国人照样劳作，但是你是一个外族的侵略，你的非正义性，中国老百姓只要鼓动起来，就能坚强跟你斗争，能够搏斗到底。

　　1937年当日本的军事行动主要在海岸平原进行时，日军进攻的速度达到平均每日推进19公里。到1938年，战事转移到中西部的丘陵地带时，前进的速度减少到每天平均6公里半。

日本早稻田大学教授大日方纯夫：
　　我认为日本政府完全没有预料到战争会长期化。因此如陷入泥沼中一直持续作战，政府无力阻止于1937年的"中国事变"的军队的暴走。结果，包括刚刚所说的政党，对中国的侵略战争便正式开展起来。中国的抵抗出乎预料，无法取得胜利，于是陷入了长期作战的泥沼中。

江苏省行政学院教授李继锋：

回溯抗战的防御阶段，可以发现中国军队在和日本作战中很勇敢。广西军队在上海一战，军官们每每身先士卒，但因不注意修筑工事，不注意防空袭而损失惨重，三位少将阵亡。但李宗仁、白崇禧不愧是将才，他们很快吸取教训，从战争中学习战争。在台儿庄注意运用游击战、运动战配合阵地战，取得台儿庄大捷。在武汉会战时，明确以空间换时间，利用有利地形消耗日军，保存住有生力量。

国民政府军事委员会于10月24日下令放弃武汉，10月27日，日军占领武汉三镇。武汉会战历时四个半月，毙伤日军近4万人，是抗日战争战略防御阶段规模最大的一次战役，也是以空间换时间的经典之作，抗战的战局也从防御阶段进入相持阶段，第五战区广大广西官兵的作战功不可没。

74

广西士兵在武汉接受慰问

第三章　血战桂南

【编导手记】

在桂林与风尘仆仆的刘勇导演再次对接，是5月中旬的时候了。这个季节的广西，酷热难当且阴雨不断。

说是再次，因为《广西抗战纪事》的开机仪式，是2015年的春节前在山东台儿庄举行的。刘勇率领他的工作团队从北京驱车700多公里到达台儿庄，亦是风尘仆仆。我则是提前一天带着一个助理，坐高铁从上海过来，可谓以逸待劳。仪式在台儿庄战役纪念馆前面的广场举行。照我们的惯例，开机必须鸣一挂鞭炮，孰料，此地尽管坦克飞机大炮排列一片，但就是不能有炮声！无奈，只好安排在几百米开外的运河边放炮。我不是一个信迷信的人，但是，几天后发生的事情，却实在令人匪夷所思：刘勇的一架八轴无人机不明不白地就栽进了太湖边的一个池塘……

桂林要拍的场景很多，其中一个就是虞山公园内的抗战遗址。一联系，公园的主任得知我是桂林人，热情地要款待我们，但接下来一句话，却让我们很是无语："这阵子雨水太多，山上天天掉石头，我们已经整好了，但是脚手架啊防护网啊，估计要一个星期才拆得完。"一星期？刘勇一听就急了：广西还有什么要航拍的？我说，昆仑关啊。刘勇抹了一把脸上的汗水："出发出发，这个片子已经耗不起了！"军人出身就是不一样。

昆仑关，广西四大名关之一，相传为西汉名将伏波将军马援所建。历史上昆仑关有两场战争最为有名，一是1000多年前的狄青智破侬智高，二是70多年前桂南会战中的昆仑关战役。我们在太阳落山之前赶到昆仑关。斯时，斜斜的阳光，温温的色调，漫漫的云彩，徐徐的轻风，一切看来都恰到好处。古老的关隘、刚刚落成的昆仑关纪念馆和山顶上的纪念碑，都是我们必须要拍的画面。没过多久，刘勇又急了：古关隘竟然被倒饬成像个城隍庙的模样；纪念馆则拆掉重新布置，而院内摆放的坦克居然是65式的！好了，山上吧，但愿山上那个纪念碑还是原版模样！山上的天气依然晴好，朵状的云团从纪念碑的顶上缓缓飘过，摄像杨富禄当然不会放过一个拍摄延时曝光的机会，这是一个需要时间的细活。谁知刚刚拍到一半，一场大雨不期而至，更为严重的问题是，我们都没带雨具！忽然间我想起了台儿庄那挂放得不是地方的炮仗……

　　总策划苏新生一直有个心结，就是要在广西找到一个仍然健在的南侨机工。我们奋力在广西寻找，无论官方的和民间的答复都是一样：都"归队"了！这一结果令领导唏嘘不已：可惜了，这个事早就应该做了。7月间，南宁市侨联的殷红女士打来电话，说是海南省尚有健在的南侨机工。这个时间已经是火烧眉毛了，因为原定的播出时间是9月初！一辆越野车，一个团队四个人当天下午就赶到北海。在客运码头，助理小宁怯生生地问我，一张船票要400多元，买不买？嗨，我说，都到这里了，莫非还有别的选择？滚装船斑斑驳驳，二等舱逼逼仄仄，晚餐贵且无味。到海口秀英港，居然是凌晨5点，问船员能不能等到天亮再下船，回答竟然是否定的。好容易挨到天亮，海南联系人叶军（一位极其热心的关爱老兵志愿者）主动打来电话，说是，我们要去的地方是琼海市中原镇，采访的人物叫吴惠民，老爷子精神矍铄、头脑清晰，得知我们要来采访，已经穿戴整齐正襟危坐在院子里面了。出海口一路向南，海南的阳光果然要比广西的厉害，瞄了一眼车内的温度表，哇噻，外面竟然43度！中原镇完全是一副南洋小城的模样，满街都是骑楼、百叶窗、带回廊的小楼，路人都是面带自信的笑容，而端坐在院子里的吴惠民老人的笑容更是灿烂无比。比起我们在广西采访的大多数抗战老兵，吴老爷子的境遇看上去算是好了很多，当然，他的经历也是非同一般，而且跟广西抗战真有关系：15岁到新加坡谋生，1937年全面抗战爆发后，他和一批南侨机工经过越南回国，在广西的国际运输线上驾车运送抗日物资和军队。1940年，吴惠民被派往重庆机械制造厂第二厂当修理工、驾驶工，后考上黄埔军校，毕业后逐步升至国民党伞降第二大队第八中队上尉分队长。吴惠民还曾随部队入缅对日作战，并于1945年6月参加了广西平南丹竹机场的伞降作战。采访结束，临别时，叶军大哥对我讲，吴惠民老人已经得到通知，请他参加9月2日阅兵式的老兵方阵。

2016年初，叶军大哥给我发来一条微信：吴惠民老人1月8日"归队"了，享年98岁。直到现在，我一想起这件事就会一阵哽咽……

曾小帆

20世纪30年代南宁德邻路（今解放路）

广西省立博物馆（南宁）

　　南宁，广西南部的交通枢纽和中心城市，也是民国后广西的省会，但1937年初，桂林取代了它，成为广西的省会。

　　这次省会搬迁原因很多，如李宗仁白崇禧等都是桂林临桂人，但更重要的理由是担心日本军队的入侵。若日军登陆，北部的桂林要安全得多，另外桂林多岩洞，防空袭方便。

一

　　1938年10月，广州沦陷，华南方面留下的唯一重要海港就是北海。此时从海外运入中国的物资主要通过桂越公路、滇缅公路、西北公路三条国际运输线。

　　中国国际运输重心转至越南，桂越公路运输更为繁忙。据统计，仅1939年9月运进中国总吨位1.47万吨物资中的1.25万吨即经此路线。这里入境的

广西梧州的孩子们
在上课（1938 年）

军需物资经龙州、钦州运往广西的南宁，或直接送往重庆为核心的大后方。

抗战后，国民政府在广西建筑了湘桂铁路、黔桂铁路和河岳公路。湘桂铁路，除湖南境内208公里由湖南负责外，其余由广西征工建筑，抗战时筑成通车709公里；黔桂铁路全长608公里，在广西境内长302公里，全部筑成通车；河岳公路493公里，也全线通车。河岳公路横贯桂西山区，沟通了粤湘黔滇诸省，组成了西南交通运输网。广西已不再只是抗战中国的后门，而正变成抗战中国的正门。南宁作为运输中心的重要性凸显。

在桂越运输线上，路况不佳，加上敌机不断轰炸扫射，汽车在镇南关至南宁等广西边境公路上，只能昼伏夜出。

运输队的司机大部分是南洋华侨，所以又被称为南侨机工。

南侨机工吴惠民（97岁）：
我15岁就到新加坡去，到19岁就回来，就是参加南侨机工。

南侨机工回国效力，不顾安危，夜以继日地紧张工作。据西南运输处统计，自1938年至1940年，该处在广西完成抢运物资30余万吨，兵员15万人。

日本注意到了桂越国际交通线的活跃，从1939年起，日军飞机对广西的轰炸突然变得频繁起来，轰炸目标有公路、车队、飞机场、仓库和桥梁等。

广西与越南交界处站岗的中国士兵

日本都留文科大学名誉教授笠原十九司：

驻扎在台湾的日本空军常飞到海南岛、广西的南宁和桂林、越南的河内甚至菲律宾等地进行远距离空袭，桂越交通线上的卡车、桥梁、铁道连续被日军航空队轰炸。但是这些（破坏）马上就被复原了。这些都是广西省的民众齐心协力的结果。

日军频繁轰炸的背后还掩藏着巨大的阴谋，日军大本营正在秘密策划一次针对广西的大规模入侵行动。

自日本在中国战场陷入泥沼，放弃战略性进攻，转而试探北进。1939年5月在中蒙边境的诺门罕地区挑起了和苏联红军的一场大规模武装冲突。《纽约时报》这样评价道："这是一场陌生的、秘而不宣的战争。"苏联红军虽然在空中不占优势，但陆军在朱可夫将军的指挥下发挥坦克、火炮的优势重挫日军。战事持续到8月，日军遭到惨败，9月16日，日苏双方在莫斯科签订了停战协定。

诺门罕战役，使得日本放弃了北进西伯利亚的战略，而将重心放在南进上。两年后，美国人在珍珠港为此付出了惨重的代价。苏联虽然获得胜利，却见好就收。因为，欧洲局势突变，斯大林更关注来自德国的威胁。果然，欧洲局势突变。1939年9月1日拂晓4时45分，德国对波兰不宣而战，150万德军全线发起攻击，英、法两国被迫对德宣战，第二次世界大战在欧洲爆发。

欧洲的混乱是日本扩张的机会。但日本却困在中国无法脱身。日本大本营认为迅速解决"中国事变"的办法，就是切断中国的西南国际运输线，使得中国无法输血。由于英国和法国等的精力完全倾注于欧洲，日本在中国西南可以放心大胆地动手。入侵桂南便是日本中国派遣军总司令部组建之后所发动的首次大规模战役。

二

日本的密谋出乎中国方面预料。那时重庆军事统帅部从10月开始正在策划全国性的反攻，名为冬季攻势。1939年10月10日，国民政府军事委员会军令部制定了《国军冬季攻势作战计划》，准备将全部兵力的46%，约80多个师投入反攻。

江苏省行政学院教授李继锋：

诺门军的失败表明日本战力有限，并受到苏联牵制。1939年秋，第一次长沙会战以日军撤退回原防而告终，我方以为日军已丧失了实施大规模进攻的能力；还有一个重要因素支撑了这种乐观情绪，欧战爆发，反法西斯阵营与法西斯阵营之间已是界限分明，中国的抗战已与欧洲的战事连接起来。中国第二期军队整训工作则大体完成，部队实力得到恢复和增强。因此，中国应乘此绝好机会组织大规模的反攻，当时蒋介石强调要从西向东压迫，"此次冬季攻势为我抗战转败为胜之唯一关键"，"我军歼敌唯一之良机，至今确已到来"。

正在准备中的这个计划却遇到了意外。1939年11月5日，日军在当时属于广东的北部湾的企沙、龙门登陆。侵入广西的日军为日军第五师团，还有台湾混成旅团。这支部队适合亚热带气候作战。

当时，国民政府军事委员会认为日军在华南兵力有限，对日军进攻南宁的企图认识不足。而负责两广地区的第四战区的18个师也大多集结于广东，在桂南只有第16集团军的6个师。

台湾中正大学教授杨维真：

日军从钦州登陆，然后往北攻击的过程当中，其实第一期抵抗的都是桂军。不过那时候桂军由于我前面讲的，就是蒋在发动冬季攻势的时候，是把主要的兵力配属在第三、第五跟第九战区，所以整个桂南的军事部署很薄弱。因为兵力薄弱的关系，加上广西在抗战爆发以后，在大量的军事动员之下，大量的军队其实是调往第五战区，因为第五战区的司令长官是李宗仁。所以他随带包含廖磊的部队，夏威还有后来李品仙，他们已经把广西的精锐部队

日军登陆广西沿海，进犯南宁

登陆日军侵入钦县

都带过去，所以在广西本省里面，其实兵力没那么多。

当时，偌大的桂南就剩下广西两个军分散防守，兵力非常薄弱。11月24日，日军攻占南宁。广西本土首次被日本侵略者的铁蹄践踏。12月1日和4日，日军攻占高峰坳和昆仑关，控制了拱卫南宁的要隘。12月21日，日军又分别占领了镇南关和龙州。专门报道侵华战争的日本《中国事变画报》描述道："汪精卫新政权的成立，国共相争愈发激烈化，苏联方面的压力与日俱增，终结深陷苦恼中的蒋政权的最后一击正是本次作战。新作战以实际切断敌军的运输路线为大目标而展开。"

日军从钦州湾登陆，不仅切断运输线，还包含动摇整个大后方的政治目的。

台湾中正大学教授杨维真：

它也想要策应汪精卫出走以后，对整个西南的军人的一个诱惑，像张发奎和汪精卫的关系是很深厚的。当时云南的统治者龙云跟汪的关系也不错，所以日方也想利用战略来诱导，是诱惑。

日军侵占南宁，图为日军第五师团师团长今村均（骑马者）与进城的日军

第四战区司令长官为
张发奎（左）。他曾
是北伐军第四军的军
长，图为他和其后任
第四军军长的黄琪翔
（中）与吴奇伟（右）
合影

白崇禧正担任桂林行营主任，凭借这个职位，他甚至可以指挥长江以南的百万中国军队。

台湾中正大学教授杨维真：

不管是在担任副参谋总长任内，军训部长任内，甚至桂林行营主任的初期，蒋介石对白先生都是相当礼遇，也相当敬重的。桂林行营当时是可以指挥第三、第四跟第九三个战区，所以根据程思远的回忆，其实当时桂林行营，

第四战区的中国士兵
在作战

几乎可以掌控整个南半部的战事。

　　白崇禧本来的任务是指挥和监督各战区对冬季攻势的准备情况，但重庆统帅部调整了冬季攻势的计划，12月7日，决定对入侵桂南的日军进行反攻，并从第九战区等调集6个军的援兵，集中约30个师的兵力配置在广西南部作战。白崇禧将此决定转达各部，目标是"攻略昆仑关而后收复南宁"，将日本侵略者从桂南赶出去。

　　12月12日，冬季攻势全面展开时，武昌、汉口、信阳、开封、包头、南宁等日军占据的大中城市成为攻击的目标。其中，反攻南宁成为重中之重。中旬，中国军队向广西的集结基本完成。

　　11月末，尽管日本的中国派遣军总司令部破译了中国方面的密码，并立即通报各地日军注意警戒。但骄傲的日军将领认为"所谓抗战第三期的总反攻，肯定是痴人说梦"，并没有放在心上。12月10日，驻南宁日军司令官今村均中将还进行劝降，声称："日本军对广西省白、李两位将军的设施以及其对政令的彻底推行表示极大的敬意，会留意极力避免对其经营的破坏，也将会非常努力地保护两位将军治下一般民众的生命财产安全和其幸福。"他希望李、白两将军放弃抗日，但他们的幻想破灭了。

白崇禧（站立者）在岩洞里主持军事会议

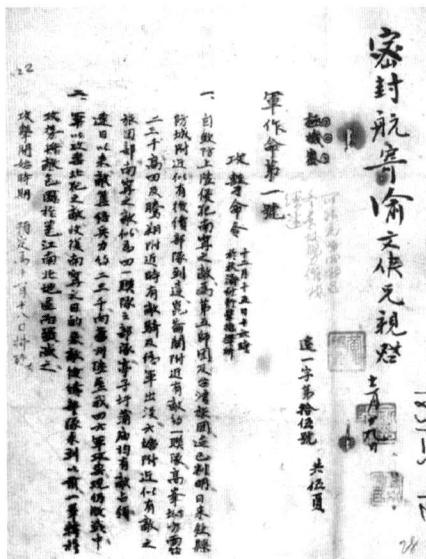

1939年12月15日,桂林行营下达的第一号作战命令

台湾中正大学教授杨维真:

白崇禧后来赶到了前线,他研判日军的兵力其实没那么多,大概只有一个师团再加上一个旅团,他估算人数,大概是4万人不到。所以他就主张要反攻,尤其是要先拿下昆仑关。所以后来就集中重要的兵力主攻昆仑关,这就是后来昆仑关战役的一个由来。

1939年12月15日,桂林行营下达了第一号作战命令。

12月17日,以第5军为主力的北路军向昆仑关发起总攻。

第5军是当时中国唯一的机械化部队。军长杜聿明下令荣誉第1师向昆仑关正面发起总攻,以新编第22师向五塘、六塘攻击,迂回昆仑关侧后。19日,西路军向高峰坳发起牵制性攻击,大部插入四塘、绥禄等地,切断了日军由南宁及龙州向北增援的道路。东路军在日军后方的邕钦公路沿线展开袭击,策应昆仑关方面中国军队的作战。

广西民间学者容杰:

原来它这里没有树的,你看这个地方就是射击孔,现用砖头砌出来了。这条路是到云南,到昆明,到重庆的必经之道。白崇禧也到了滕祥,也讲要组织一个敢死队配合第5军来进攻,因为我们白天没有能力跟他打,他有飞机嘛,我们只能晚上摸。

第46军新19师连长桂调元(93岁):

打昆仑关的时候,昆仑关旁边有一个军事要地,叫作高峰坳,是在南宁到武鸣之间,这一边日本人要占领南宁,在南宁到武鸣的路上就要占住高峰坳，否则站不住脚，柳州和南宁这一段就要占领昆仑关，把这两个军事要点占领了，他在南宁才站得稳。

担任西线进攻的广西军队频频出击，迅速而敏捷，第170师仅用1天多时间便攻占高峰坳周围山头，第135师攻克香炉岭，为取得昆仑关大捷创造了有利条件。

12月20日日军第5师团第21旅团长中村正雄亲率部队增援昆仑关，但在中国军队的节节阻击下，进展缓慢。

三

桂南会战期间，昆仑关的上空，中国军队与日军上演了一场力量悬殊、悲壮异常的空中肉搏。

当昆仑关战役进入最激烈阶段时，参战的中国空军第4大队奉命撤回，理由是"保卫大后方重庆"。唯一能够参加空战的，只有广西空军的3架残旧的英制"格"式驱逐机。尽管如此，在昆仑关激战最需要空中支援的时候，他们也勇敢地升空作战。

这时，桂南的空中优势已完全被日军占有，昆仑关上空敌机不断出击，空袭我地面战斗部队。日军有着空中优势，但中国飞机也会出现在战场上空。

第46军新19师连长桂调元（93岁）：

天一亮就来了，下午5点多他就回去，白天都是他们的飞机在转来转去，我们简直不敢在公路上走。公路上一出现，或者哪里出火烟，他就去扫射、去轰炸。

空军第二路司令部下达任务，命广西空军3架"格"式驱逐机掩护苏联飞行志愿队的3架"斯波"轰炸机前往轰炸昆仑关敌军阵地。

江苏省行政学院教授李继锋：

苏联对中国提供了各种支援，包括贷款、坦克、火炮和军事顾问，但苏联给中国一个最直接的、一个最明显的支持，就是苏联的志愿航空队到达中国，在空中帮助中国作战。他们虽然名为苏联志愿航空队，但其实都是苏联红军中的优秀现役的飞行员。在中国空军损失殆尽的时候，他们在帮助中国空军与日军抗衡。

1940年1月，苏联援华志愿航空队大队长巴布什金率领"伊–16"I型驱逐机大队，从重庆调来桂林。桂南空战中，中国空军和苏联志愿队共出动轰炸机12架次，投弹28吨，炸毁敌机15架，并在桂林、柳州、零陵、芷江等地上空与日军作战18次，击落敌机11架，有力支援了地面部队的作战。中苏飞行员9名牺牲，12人负伤，巴布什金大队长壮烈牺牲。

协助苏联飞行员作战的4位广西空军飞行员是：副大队长陈瑞钿、中队长韦一青、副中队长陈业新和飞行员唐信光。

陈瑞钿，父亲是华裔，母亲则是秘鲁人。1913年，陈瑞钿出生于美国俄勒冈州的波特兰市，在高中时期，就靠打工挣钱来学习飞行。在日本入侵中国时，他就取得了美国的飞行执照。

韦一青，广西容县松山镇人，"九一八事变"后，考入广西航空学校第一期。

12月27日清晨，陈瑞钿副大队长率领2架"格"式驱逐机起飞随行掩护。

当时，驱逐机与轰炸机的飞行时速相差不多，轰炸机没有减速，致使刚起飞的"格"机上升爬高没能达到最佳的战斗高度，将要到达目标上空时，即遭多架处于高位的敌机强攻，三架"格"式驱逐机当即奋勇还击。3架"斯波"轰炸机乘敌我混战之际，迅速对日军地面阵地投弹，完成轰炸任务后安全返航。而我"格"式驱逐机在20多分钟的激烈空战中，因高度处于劣势，且敌众我寡，损伤惨重。

陈业新副中队长在飞机被击坏迫降时受重伤，经当地群众救助得以生还。

韦一青中队长在击落一架敌机后，来不及防范，被另一架敌机击中，与飞机一同坠于昆仑关敌我阵地之间。中方地面部队奋勇出击，将韦一青的遗体夺回。

陈瑞钿飞机中弹着火，跳伞降落时，头脸和双手都被烧伤。后来，在柳州养伤的陈瑞钿，再次遭遇日机轰炸，他的妻子扑在他身上保护了他，自己却中弹死在丈夫的怀抱里。

昆仑关上这场激烈空战，是广西空军参加抗战以来打得最艰苦的一仗，也是广西空军作为独立建制参加抗战的最后一仗。广西空军投入抗战两年，参加大小19次空战，共击落敌机23架，击伤30余架，90余名飞行人员中阵亡19人，负伤18人，殉职6人，伤亡严重。此后，幸存的广西飞行员和地勤人员，则分散到中国空军各部队继续顽强地战斗着……

2015年5月，我们摄制组辗转联系到了陈瑞钿的外孙刘德明先生，才使我们对这位传奇般的飞行员有了更多的了解。

陈瑞钿外孙刘德明：

这件衣服是外祖父当年日常穿的飞行夹克，上面有一个徽标，是中国国家航空的徽标。他过去常常说的一个词是"中国同志"，这个词对于他而言

采访陈瑞钿外孙刘德明（右）

具有十分重要的意义。尽管他未出生在中国，但他与中国有着根与茎的关系。他认为，中国抗日，匹夫有责。

1997年9月，84岁的陈瑞钿在美国离世。一个月后，他的照片被迎入美国空军历史博物馆的美国空军名人堂，他的遗孀杨瑞芝和三千多人出席了追授仪式。2008年3月，美国国会批准一项提案，将俄勒冈州比佛顿市陈瑞钿做邮件分拣工时的办公楼命名为"陈瑞钿少校邮政楼"。

昆仑关攻坚激战方酣，空军陷于苦战的时候，另外一支特殊的军队也在战场上出生入死，他们就是媒体上曝光率很高的广西学生军。

第二届广西学生军二中队何秀琼：

日本人在南京大屠杀，那个血一直流变成一条河，我当时还小，看到这种血流成河就哭。李宗仁、白崇禧在广西当时就说要宣传日本人对中国人的残害，所以就成立学生军，我就去了。

第46军175师排长卢增祖（100岁）：

我们广西由后方变为前线，那时候我们广西的将领在中央，白崇禧将军最有力量。他就告诉我们广西黄旭初省主席号召学生从军。我们是第三届的广西学生军，就是中学也有，高中也有，西大（广西大学）也有，他说要组织一个团的学生军。结果号召大家，日本人来了，我们要参加抗战，原来他要招一个团，结果有三个团。

在报名的18000多大、中学生中，挑选了4500人组建了三个团的广西学生军，他们当中还有许多中共地下党员，桂林高中学生黄嘉就是其中一个。

广西学生军中共地下党员黄嘉（94岁）：

高中毕业文凭我也不要了，不读书了，我们投笔从戎，去参加学生军，打仗去。这是一个响应党中央的号召。

广西学生军动员会

第46军175师排长卢增祖（100岁）：

我在庆远中学，大概我们学校里面有二十几个报名，原来是说要考，后来一报名就行了。我还有一个月就毕业，还没有毕业就参加了学生军，我们是由庆远走路到桂林。桂林那里是第一团，走路到桂林以后我们编为第二大队第五中队。我们这个中队就住在七星岩，每一天日本人都来轰炸，他知道学生军在那里，都来轰炸。

抗战时期有十万青年十万军的壮举，那是抗战后期的事。广西从战争一开始就征召学生从军，广西学生军的能量之大当时有口皆碑。

台湾中正大学教授杨维真：

广西的学生军不是到了抗战才有的，白崇禧白将军，他自己在辛亥革命的时候，是广西陆军小学堂的学生，他们当时就组织了一个北伐的学生队，所以我认为广西的学生军的传统，可以从辛亥革命开始谈起，所以这也是为什么白将军后来在广西会主张要组建学生军，因为这个是广西的一个重要的传统。所以学生在学校里面受军训，然后平时有军事的训练，有军事的编组，一旦国家有事，学生就可以上战场。

广西学生军纪念章

广西大学的学生军

在昆仑关战斗最激烈的第五军阵地，黄嘉率领的一团一大队100多学生军组织群众挖防空洞，在躲避敌机轰炸的同时，还搞起了战地农贸市场，检查军纪，做军队和老百姓之间的纽带和桥梁。

第46军175师排长卢增祖（100岁）：

我们在赶圩那个地方，监督军队，不让买东西不给钱，不让乱拿老百姓的东西。这样的话呢，军队就有补给，有可以买米、买菜、买吃的。老百姓有东西就拿来卖。我们学生军就做这种事。

在有些地方，学生军直接参加了战斗，付出了生命的代价。

广西绥署保安4团团长蒙鹏飞之子蒙天祥：

在八塘左右，广西的学生军也参加了，当学生军被打光了，日军有一位军官看见有一节竹子，上面写着，用很深的刀痕刻着：终有一天，把国旗插在富士山上。这位日本军官非常感动，就把它捡回来。在一九六几年的时候，送到台湾来。这一块竹子现在放在台北市贵阳街英雄馆对面的军史馆陈列。

我们广西部队除了有男兵，还有女兵。女兵平时就在田里耕种，也不说化装了。总之就是耕种。但是旁边摆着枪，日军不知道，他以为这些只是老百姓。事实上我们广西的女兵是受过训练的。所以呢，他经过的时候，已经中了埋伏了。我记得我先父讲，一个女兵，因为冷不防，很靠近，拿到步枪去顶着日军。当你不管是你的背部或者你的胸膛被顶到的时候，你能不举手吗？日军就缴械。所以呢，女兵的功劳！

桂南会战后总结时，广西学生军的表现受到各方的赞许。

第46军175师排长卢增祖（100岁）：

柳州开检讨会。因为我们学生军司令是夏威，夏威下面有两个军，31军、46军。他那时候是16集团军总司令。开军事会议的时候他要报告，结果那两个军的事情他报告的很少，把我们学生军的事情，报告了大半的时间。

广西女兵能作战，也和民众有天然的联系

直到今天，这些当年的学生兵还时常自豪地吟唱他们的军歌。《广西学生军军歌》（李文钊词，陆华柏曲）：

我们是广西青年学生军，

我们是铁打的一群，

在伟大的时代里负起伟大的使命。

我们抱定勇敢、坚强、战斗、牺牲的精神，

我们要和前线战士、全国同胞，

誓死克服我们的敌人。

我们为国家争独立，为民族争生存，

为人类伸正义，为世界求和平。

在伟大的时代里负起伟大的使命。

我们是铁打的一群，

我们是广西青年学生军。

桂南会战时，广西民众配合军队，破坏公路，实行空室清野，全民皆兵，痛击入侵之敌。

广西师范大学教授谭肇毅：

当时参加作战的将领说，我们的打仗抗日，在很多战场，很多战士看不到老百姓，大家都疏散走完了，到了广西就不一样。宾阳这个地方，我们就是打仗最前沿，老百姓居然敢到这里来，宾阳人了不起。所以他们官兵都是很震撼的。

广西绥署保安4团团长蒙鹏飞之子蒙天祥：

八塘那一带，昆仑关那一带的老百姓，听说上万人自动参加，来做民夫，挑东西、送补给等等。不是征招来的，他自己来的。总希望抗战打赢这一仗。

何秀琼所在的广西学生军二中队战友（1938 年）

抗战老兵、曾任广西壮族自治
区人大常委会副主任的黄嘉

2015 年 5 月 27 日，撰稿李时新
在台北采访百岁抗战老兵卢增祖

广西学生军征途小憩

黄旭初之子黄武良：

就在昆仑关那几个县的民众，全部是自发的，没人逼的，全部自动自发的有2万多人做挑夫、民工，来帮军队运弹药，全自发的，这是令我父亲最难忘记的。

广西民团配合正规部队作战功不可没。170师师长许高阳指出："若无广西民团参与军队作战，并直接间接为军队服各种后方勤务，吾恐不特三十一军在昌龙路之战、四十六军在镇南关之战，难收战胜之功，装备优良训练周到之第五军，在昆仑关作战，其给养亦多赖民团之农仓，否则苦战兼旬，缺乏给养，能否获得战捷，亦将成为问题。"

桂南会战，中日军队生死搏斗的时候，却有一支日本人组成的特殊队伍加入了中国的一边，他们的领导是日本作家鹿地亘。

鹿地亘与中国文坛关系深厚，1936年鲁迅去世的时候，他曾经为鲁迅抬棺送殡。当日本帝国主义发动全面侵华战争之时，他没有为日本辩护，而是选择为受难的中国而战。他的妻子池田幸子也支持丈夫的选择。

鹿地亘组建的日本人民反战同盟，就是在桂林成立并开展工作的。

鹿地亘与妻子池田信子

鹿地亘率反战同盟成员在桂南战役前线

日本大学教授井上桂子:

鹿地亘也越来越多地写到,广西派的李将军、白将军对他建立"日本人民反战同盟"这一计划表示了理解和支持,并提供了帮助。因此鹿地不是在重庆,而是在桂林先行开始建立反战同盟的。我认为这是因为鹿地觉得桂林的社会环境适宜所以才做的决定。

桂南会战开始后,鹿地亘率领反战同盟向前线出发。他们到达离昆仑关中日军队对峙前沿300米左右的地方,从早到晚地喊话,策反日军。

广西学生军中共地下党员黄嘉带人配合了鹿地亘小组的工作。

广西学生军中共地下党员黄嘉(94岁):

首先由我们这边讲,我们中国军队的弟兄们,我们是中国的,我们是广西抗日学生军,现在来对日本人进行宣传,请你们休息一下,暂时不要打炮,不要打枪,停下来让他们听得清楚。

日本大学教授井上桂子:

他们使用扩音机,面向日军方面,成员们用日语说"不要再继续战争了"等鼓动厌战情绪的活动。之后是劝降,然后说明"这场战争没有意义"等。

广西学生军中共地下党员黄嘉(94岁):

后来鹿地亘他们讲完了就唱歌,那个反战歌,很凄凉的,你听到很凄凉的,很悲伤的。所以对方都静静地听,都没有人开枪。

1940年1月,三名日本反战同盟成员被日军飞机炸弹击中阵亡。桂林举行隆重悼念大会。广西军政要人出席,吴石将军致辞悼念,赞美他们为正义而牺牲的正直和勇气。

七

昆仑关位于南宁至宾阳公路的中途,在南宁东北约40公里处,四周群山叠嶂,雄踞于二山之间,地势险要,有"一夫当关,万夫莫敌"之势。宋朝

中国士兵在昆仑关之战中

第 5 军是蒋介石的王牌部队，图为他视察第 5 军装甲部队

名将狄青传名于世的"上元三鼓夺昆仑"就是出自于此。昆仑关，曾经的古
战场，见证了一场抗战爆发以来著名的攻坚硬仗。

　　此处现在建有昆仑关战役博物馆，是由戴安澜将军的长子，中国工程院
院士戴复东设计的。在这个展柜，参差不齐地倒挂着二十多支上了刺刀的步
枪，形成了令人震撼的"刺刀林"。

台湾中正大学教授杨维真：

　　中国军队跟日军作战，老是挨打。因为日军有强大的火力，有飞机有大
炮有坦克，中国只能用血肉之躯跟日军强大的火力来对抗。可是昆仑关战役，
刚好相反。昆仑关战役，中国主攻的军队是中央军的精锐，更重要的是他配
属了相当强大的火炮。根据材料显示，有榴炮，有山炮，有战防炮，还有战
车部队。

桂南会战时中国军队的坦克

国军第5军的摩托化部队

白崇禧之子白先勇：

就是第5军杜聿明那个军队，完全是机械化配备，配备是最好的。杜聿明、郑洞国、邱清泉他们也是国军的王牌。肯定蒋介石那个时候很信任他了，我父亲要求动这一军，动他的王牌军，他居然也答应了，答应让我父亲去指挥了。

当时昆仑关关隘东面2公里的653高地、西面2公里的445和441高地，都能居高临下虎视昆仑关。离昆仑关口仅数百米的441高地，是战斗最激烈的地方，中国军队与日军反复争夺，阵地失而复得、得而复失二十余次。原来黄色的土包曾一度被鲜血染成了褐色。第5军在攻坚的过程当中，虽然有强大的炮火配合，但由于日军设置了交叉火力网，防卫非常严密，使得中国军队进攻时伤亡惨重。

台湾中正大学教授杨维真：

白崇禧将军在观战的时候，发现这样的进攻其实只会造成大量的伤亡。所以他就用电话直接告知杜聿明，改变整个作战的态势。用所谓的要塞攻击法，就是规定前线每个团就只攻一个目标，先围困然后再攻击，这样子的话就可以把敌人切割。所以他不做正面的攻击，而是以比较小的部队，集中歼灭孤立的据点，所以透过这种方式，逐一解除了昆仑关和各地的攻势，最后才成功地拿下昆仑关。

广西绥署保安4团团长蒙鹏飞之子蒙天祥：

我先父讲，这个时候日军居高临下，机关枪对着扫，你仰冲，那就一波一波的牺牲。所以呢，白崇禧说，一定要用远程武器，就是炮，不管是直射、曲射炮，从另外一个斜面这样打过来。但是呢，炮很重，轮子更重，把轮子拆下来，用人力，包括中国军队，不管什么部队，还有广西的老百姓。一个一个炮扛上去。对准，而且要瞄得准。所以用远程火力打到这边的机关枪阵地，打了很多，打到了。毁了他的机关枪阵地，我们的中国的军队才冲上去的，才抢回来。

中国军队重新夺回昆仑关

白崇禧（左）与张发奎（右）、蔡廷
锴（中间高者）等摄于昆仑关之战后

日本战史记载，昆仑关的日军伤亡比例高达85%，在抗战初期是绝无仅有的。进攻的第5军将士牺牲也很惨重，郑洞国在他的回忆录里面提到，他的荣誉第1师1万多人上去，下来之后所剩无几。

12月24日，日军中村正雄旅团长被击毙。12月29日，中国第5军主力在炮兵坦克协同下，再次发起强攻，战至1939年12月31日，中国军队终于收复了昆仑关及东西两侧高地。此役我方击毙日军21旅团旅团长中村正雄少将，歼灭日军4000余人，取得了昆仑关大捷。第5军也付出了重大伤亡，其阵亡、负伤、失踪者总计17698人，这使第5军在攻占昆仑关后不得不调离战场开赴后方整补。

广西绥署保安4团团长蒙鹏飞之子蒙天祥：

当时的惨况根据我先父讲，真是踩着血肉，怎么呢，因为死伤太多。这件事情意义最重大，我先父告诉我，凡是日本占领过的要塞，没有我们中国军队拿得过来的，他占领过又拿过来的，只有这一昆仑关，双方死伤惨重。

日本都留文科大学名誉教授笠原十九司：

1939年的广西省的战斗，当时日本占领了广东和海南岛，从海洋攻向重庆，也从陆地进攻，广西的战斗在阻止占领重庆和保卫重庆政府方面有重大意义。

八

昆仑关惨败后，日军探知中国军队下一步将收复南宁，赶紧从广东、台湾调兵增援广西前线的日军，对中国军队发动报复性的反攻。

1940年1月14日，日军近卫师团樱田武旅团2000余人，从小董出发扫荡。新编19师警戒部队与日军发生遭遇战，泗峡坳阻击战打响。

泗峡坳位于灵山县太平圩以南5公里，镇南圩以北2公里，是钦州港通往桂南灵山县的要道，地形十分险要，却是名不见经传的小地方。第46军175师524团在团长巢威率领下到达泗峡坳阵地。

广西民间学者容杰：

当时何宣军长说，你们524团一定要坚守泗峡坳，有我何宣在就有你们巢威团长在，有巢威团长在就有我何宣在，我要跟你们，跟当地的老百姓一起，一定要把日本人阻在这里。

16日清晨，日军12架飞机轮番向巢威团各阵地轰炸、扫射，掩护地面部队分三路向泗峡坳及两翼的江塘岭和电蒲岭进攻。

鏖战两日后，巢威团损失甚大，弹药消耗80%以上，官兵伤亡260余人，但士气仍然旺盛。

广西民间学者容杰：

那些老百姓都挑着米饭、稀饭、酒、肉，背着枪来支援524团，当时除开524团还有新19师，还有广西独立三团，阳丽天这个团也来了。

第四战区司令长官张发奎感念泗峡坳当地民众，题写"忠义可风"相赠

主动参战的当地武装有被誉为"敢死队"的"灵山县民众抗日游击队"，刚刚穿上军装入编175师的第二搜索连、灵山青年抗日游击队、民众自卫队等，他们一道在前沿要隘并肩杀敌。

钦州市党史办原主任翟业高：

下面有一个村庄姓黄的，有两兄弟，第一个是黄荫梅、黄荫现两兄弟，全村十多个人协助部队守一个山头，总共打了两天两夜。子弹打光了，他就用石头来砸。

日军被我方军民并肩阻击于泗峡坳下，已成疲惫之兵，只好依赖飞机空投给养。仅17日当天，日军就数次以白布在古镇村祠堂前空地摆设十字形标识指示其飞机空投。由于地处峡谷，我方又组织火力对空射击，日军飞机不敢降低空投，一些载着包裹的降落伞还飘到我方阵地前沿被军民截获。

泗峡坳阻击战历时三昼夜，我方军民不畏强敌，浴血奋战，击毙日军中队长吉田三郎以下官兵340余人，击伤80余人，生俘日军浅田大尉，缴获大批武器装备。

灵山县太平镇镇南村民利振松：

他们败的时候，就把他们的尸体运到我们村委周边那个小河塘那里焚化。走了以后我们的村民在打扫，扫得这么多鞋钉、鞋子，好多好多。

战斗结束后，当地民众将阵亡将士遗体合葬于泗峡坳上，并树碑勒石，碑上书：武勇羡知兵卫国救民御侮正凭君死守，扬威同杀敌冲锋陷阵凯歌殊愧我生还。

泗峡坳阻击战取得成功，但在宾阳作战时发生的一次意外事件，改变了战局。

驻守昆仑关的中国军队虽然阻止了日军第18、第5师团等的正面进攻，但日军的迂回部队却乘中国军队疏于侧后防范之机，于1940年1月31日占领甘棠，并于2月2日占领宾阳。2月4号昆仑关又被日军攻克，戍守昆仑关的第9师师长郑作民阵亡。经过血战拿下来的昆仑关，最后又被日军夺回去了。

江苏省行政学院教授李继锋：

后来在宾阳大战的时候，中国军队也布置好了对日军的一次攻击行动，但这个时候日本人也展开了攻击，在这个非常紧要的关头，很不幸的事件发生了，第38集团军的司令部被日本飞机的炸弹给击中了，造成了中国前线的指挥中枢被破坏，导致各军之间的配合无法有很好的协调，所以这个对战局

1940年2月2日，
日军占领宾阳

日军占领紧邻越南的广西龙州，
图为日军哨兵在龙州铁桥边

的影响是非常巨大的。

由于宾阳失陷，中国军队有被围歼的危险。为此，中国守军全面北撤，在红水河以南占领阵地，以确保柳州。之后，日军收缩兵力，退守南宁等地。中国军队也无力再攻南宁，桂南会战结束。

虽然取得了昆仑关攻坚战的胜利，但桂南会战却最终失利，没有达成收复南宁的作战目的。为此，在柳州召开军事会议的时候，白崇禧、陈诚、张治中等高级将领受到不同的处分。这种情形在整个抗战中极为罕见。白崇禧受处分一事，一直传言与第5军在昆仑关之战中充当主力，牺牲最重有关。但第5军军长杜聿明、荣1师师长郑洞国在战后的回忆录里，却没有提到任何对白崇禧的指责。

台湾中正大学教授杨维真：

其实第5军的严重伤亡，本来不应该是问题。可是后来他身边有人提醒他，就是白崇禧先前不主张跟日军正面作战，比如说在第一次长沙会战的时候，白崇禧是主张持久抗战，所以他就是不主张部队跟日军正面交锋。可是在桂南会战，白崇禧一反他先前的主张，主张坚决对抗，而且要不惜任何的代价牺牲，拿下昆仑关。蒋介石心里面就开始有一些不同的想法，为什么？就是说你用的是我中央军。

白崇禧之子白先勇：

蒋介石就大怒了，就要惩罚，后来我父亲、陈诚通通受罚，我父亲还降级，后来父亲的桂林行营主任就拿走了，基本上又把他冻起来了，做军训部长，军训部长也不是说没有权，也有权，但是他的权是训练兵的权，没有带兵的权。

诺门罕战役，苏联的一大收获是发现了以后在对德作战中叱咤风云的朱可夫将军，桂南会战却让白崇禧失去了桂林行营主任的职务，让他校阅军队去了。

桂南会战虽然结束，但广西军民对日军的进攻和打击并没有结束，日军只能龟缩在南宁等几个城市里。10个月以后，到11月30日，因为日本军队控制了法属越南，彻底遮断了桂越国际交通线，根据东京的命令，势单力薄的桂南日军全部退出广西。

中国军队冬季攻势的最亮点在一南一北。在绥远，中国军队发动奇袭，曾经一度攻进了包头城；在广西，中国部队进行强攻，占领昆仑关。日方不得不承认："'中国事变'八年间，彼我主力正式激战并呈现决战状态，当以此为最。"日军"在华官兵都亲身感受到中国军队的抗战力是不可侮的"。

当纳粹德国在欧洲横行无忌，日本在亚洲蠢蠢欲动的时候，从正面战场的冬季攻势到敌后战场的百团大战，中国在东方战场发动的空前规模的进攻成为世界反法西斯战争最具活力的一页。昆仑关大捷作为抗战以来最成功的一场攻坚战而彪炳史册。

日本都留文科大学名誉教授笠原十九司：

日军对于中国抵抗力量，对抗日战斗力长期是轻视的。但日军在几场战斗中被击败了。一场是台儿庄战役。当时的指挥者就是李宗仁。之后是在广西省的昆仑关战役中日军战败。这两场战斗在使日军深刻认识到中国军队具有强悍作战力这一方面非常有意义。

1940 年 11 月底，日军退出广西全境，退前在墙上张贴布告

　　抗战的中国，抗战的广西，像一柱东方的火炬在法西斯肆虐时始终闪耀，激励着世界各地的人们与邪恶抗衡：不许法西斯通过！

第四章　贵在持久

【编导手记】

　　就抗战常识而言，我们对桂军在广西省外的战例实在知之甚少，除发生在广西本土的昆仑关战役（1939年）和桂林保卫战（1944年）外，其余很少知晓。

　　然而，抗战期间前线搏杀与后方整补的近百万广西将士，他们撒血捐躯的战场都在哪里呢？这个疑问，把我们带到了大江南北那些曾经烽火连天的旧战场。

　　安徽潜山县城几公里外的天柱山下野寨中学所在地。这里是大别山的南缘，奇峰飞瀑，林木蔽野。抗战时期，这一带却是桂军第48军抗击日军的疆场，当年，本地民众曾流传一句话"要吃鬼子肉，除非176"。176师是桂军48军中一支劲旅，长期部署在鄂、豫、皖交界的大别山区，在李宗仁统率的第五战区中，他们是对敌作战最频繁的部队之一。地方史料记载，1938（11月入防安庆地区）—1944年间，176师曾三次攻打安庆，多次收复宿县、太湖、潜山、桐城诸县，"转战数省，大小百战，歼敌数千"，是一支深得百姓爱戴的铁血之师。

　　野寨中学原名"景忠中学"，校园里存留的176师忠烈祠、碑刻记录着

杨小青（左一）采访第48军176师老兵聂志轩（中，时年94岁）

60多年前一件让人肃然起敬的往事：1942年，当地党政军各界为纪念176师阵亡将士，修建这座忠烈祠，安葬了包括三位团长在内的985具烈士遗骸，并在祠旁创建景忠中学，以扶助烈士遗孤和当地学童，永久景仰、守护英烈忠魂。

这个176师还是桂军中颇为传奇的部队，它的前身是蔡廷锴的第十九路军，曾在1932年的淞沪抗战中名震海内。福建反蒋失败后，十九路军余部编为桂军一个独立团。至1937年抗战军兴，这个独立团扩编后成为桂军176师。所以，广西将士奔赴淞沪抗战前线的行列中，也有他们的身影，与众不同的是，许多176师官兵是两上淞沪战场的老兵了。

钟毅，桂军173师师长，1940年5月9日在河南唐河县前线阵亡，时年39岁，如今桂林尧山下钟师长墓冢犹存，然而，我们对壮族将军的事迹仍然知之甚少。

我们驱车前往鄂豫交界的唐河县。那次导致钟毅阵亡的遭遇战就发生在唐河与新野县隔河相望的丁湾村。唐河畔，我们遇见两位小学生，问钟将军墓在哪里。还好，老师带她们扫过墓。于是，孩子领着我们来到那块立在麦田中的小石碑前。

石碑上字迹已残损，依稀能辨认："钟毅将军殉国处"，落款为"第五战区司令长官李宗仁"。据资料记载，这块碑是专程从五战区长官部驻地老河口运来的，衣冠冢立碑时间，大约在钟师长牺牲后一周左右，当时，民众和学生万余人还举行了隆重追悼会。

石碑向西约 600 米就是唐河，当时，这里是一片芦苇滩，钟毅和他的

钟毅师长遗照

卫队且战且走，被日军骑兵追迫，在此殊死一战。钟师长已身负重伤，仍在最后时刻命卫士撤走，将随身皮包埋入芦苇根下，从容自戕殉国。他的随从副官蒋志飞，藏身于水中芦苇下得以幸存。

600 米并不远，如果过了唐河，就是新野县境，钟师长便安全了。但是，67 年前的那天没有选择。

有研究者查知，与后于钟毅数天阵亡的张自忠将军（5 月 16 日在宜城南瓜店殉国）一样，他们的牺牲可能因卫队均装备驳壳枪，火力不足所至，如果他们手中是几十支冲锋枪，足以对付那些追到跟前的日军骑兵。据说，枣宜战役之后，五战区专门对团以上军官卫士的装备做了调整。

安徽霍山县山区一个叫鹿吐石铺的地方，小学的操场上，村民们几年前保存下来的一块墓碑引起我们的注意。碑额为"陆军一三八师四一二旅五二四团阵亡将士墓序"，题碑者是 524 团团长韦介伯，贵阳人，是抗战之前加入桂军的那批贵州青年学生。霍山县志记载，鹿吐石铺战役歼灭日军1370 余人，是为安徽抗战期间歼敌最多的战役。

138 师与 176 师都隶属桂军第 48 军，是广西最早参战的部队，碑文中有

这样一句话："民国二十六年（1937 年）秋由桂奉令北上，转战淮南、北，如定远、上窑、宿县、太湖、黑石渡诸役。"鹿吐石铺战役是武汉保卫战的外围战，第五战区中桂军 4 个军在长江北岸担负阻击任务。

武汉保卫战之后，抗战进入相持阶段，桂军 31、48 军伤亡最重，乃将 31 军划归 48 军，在广西重新组建了 31、46 两个军，所以，之后活跃在抗日战场上的桂军主力有 6 个军（分属 11、16、21 集团军）。这数十万广西子弟兵在抗战前线连年与敌鏖战，直至抗战胜利。

杨小肃

第五战区司令长官李宗仁

老河口，地处鄂、豫、陕、川四省边界，是鄂西北的一座小城。小城濒临碧波悠悠的汉水，背靠林木葱秀的马头山，风光十分秀丽。1939年3月，李宗仁率第五战区司令部迁到老河口，曾在这里驻守了6年之久。

老河口市原童子军何乐：

李宗仁这个人很和蔼的，老百姓给他起了一个绰号叫婆婆，不是说很威严的，谈笑风生，说话轻言细语。

——

老河口居民戏称"李婆婆"的李宗仁，他的第五战区所处位置举足轻重。

李宗仁手下有18个军43个步兵师，部署于武汉外围的鄂中、鄂西北大洪山、桐柏山、随县、枣阳、襄樊、老河口和南阳等地。日军无论盘踞武汉，还是继续"西进",都必须面对李宗仁的军队。在中日双方漫长的对峙阶段,他和位于长江南岸的第九战区司令官薛岳将军成为守护大后方安全的两大"护法"。

军事理论家蒋百里将军曾经预言,中日战争会走向持久,对峙格局中的三个支点,便是三阳,即南阳、襄阳与衡阳。三阳中的南阳、襄阳都在第五战区。李宗仁指挥着来自广西的两个集团军,第21集团军坚守在敌后的大别山一带,第11集团军担负五战区正面战场作战。

对广西军队在抗战中的作用,因采访毛泽东和红军而出名的美国记者埃德加·斯诺曾经评论说:"蒋介石握住全国抗日战争的领导权之后,广西军队却是最强大的一个抗战堡垒。在抗战中,他们始终勇敢作战,不断在华中首当日军攻击之要冲,甚至在他本省广西被侵犯时也是如此。"和斯诺的观察相似,在重庆负责制定作战计划的军令部部长徐永昌也认为,抗战中立场最坚定的是中国共产党以及广西的李宗仁、白崇禧。这位将军后来代表中国参加在密苏里战舰的受降仪式。

李宗仁的司令部就设在老河口城郊胡家营北端的一个四合院中。当时,院子周围全是菜地,只有一条田埂通往外面,连小汽车都开不进来。李宗仁每逢外出都要步行几百米,然后再乘小汽车。他的副官及部下们建议将小路修成大路,以便小汽车能直接开到司令部门前。但李宗仁却不同意,不愿意毁掉农民的菜地。

老河口市原童子军何乐:

那个时候我个子高,当了童子军了。李宗仁每个礼拜一在中山公园开扩大纪念周,每一个礼拜的国际形势,国内新闻,五战区有什么事情呢,做报告,我们就站在台底下维持秩序。

从1939年秋到1944年冬的5年间,日军频繁进攻第五战区,目标是占领湖北宜昌,进而威胁陪都重庆。日军针对第五战区的兵力最多时曾达11个师团20余万人。有一次,日寇进攻南阳,一股敌人骑兵侵犯到离老河口仅20多公里的孟楼,老河口市民惶惶不安,许多部下都劝李宗仁搬到河西山中,

广西学生军任职政工人员训练班在襄阳隆
中武侯祠门前合影

湖北中部的大洪山中聚集待命的广西部队

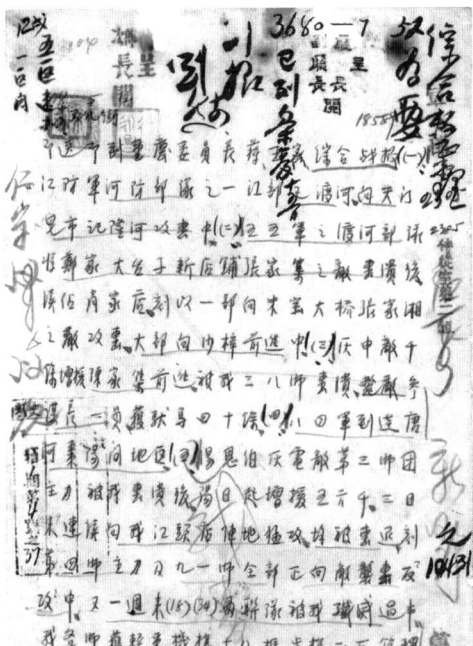

1939年5月12日，第五战区司令长官李宗仁致蒋介石电报告随枣战役战况。现藏中国第二历史档案馆

李宗仁则悠闲地带着养子李志圣骑在马背上逛街。

在老河口，李宗仁先后指挥了随枣会战、冬季攻势、枣宜会战等几个大战役。日军被钳制在第五战区的防区内，始终无法威胁到大后方。

桂林李宗仁官邸陈列馆副研究馆员韦芳：

他在这驻扎6年中间，老河口人民现在讲到李宗仁，都非常感激他。因为在这6年中间，日本的飞机是进去了，但是日本的军队是没有进去的。

在难以计数的大小战役中，1940年的枣宜会战极为惨烈。

1940年的抗战，中国可以说是危机四伏。桂越与滇缅国际运输线被切断，后方物资匮乏。汪精卫在南京成立傀儡政府，国民党内部人心浮动。米价上涨，人民生活极为困难。纳粹德国在欧洲击败法国，将英国军队赶回英伦三岛。

以武汉为基地的日军第11军是日本中国派遣军最精锐的野战部队，1940年5月，第11军司令官园部和一郎趁机发动攻势，目标指向枣阳、宜昌等地。枣宜会战开始。

第五战区部队全力抵御，但仍然无法阻止宜昌失守。宜昌是江防重镇，距离重庆只有480公里。它的失守，令大后方为之震动。对第五战区官兵，对大后方民众，此刻都是艰难时刻。枣宜会战到6月18日结束，兵力不足的日军虽然占领宜昌，却在第五战区军队的牵制下无法继续西进。大后方的人心得以安定下来，为此，第五战区将士付出了惨重牺牲，两位将军壮烈殉国。

第五战区第33集团军总司令张自忠，抗战中牺牲的军职最高的将军。这位每次大战前都留下遗书的将军，早已将生死置之度外。枣宜会战中，他主动率领第74师、骑9师及特务营渡过襄河，阻截日军，遭到日军两个师团的围攻，张自忠率部连日激战，多次中弹，身负重伤。1940年5月16日不幸在襄阳南瓜店殉国。

牺牲于南瓜店的第33集团军总司令张自忠

抗战初，张自忠曾在北平天津失守后，以冀察政务委员会代理委员长的身份与日军交涉，而受到国内舆论的严厉批评，失去军职。直到徐州会战开始后，才被重新起用，担任第59军军长。李宗仁对他并无轻视，而是关怀备至，张自忠为洗去蒙受的耻辱，为报答长官的信任，每战必定全力以赴。张自忠的殉国，令李宗仁失去有力的臂膀，他异常痛苦，挥笔题写了四个字——"民族之光"，赞美这位血性的将军。

枣宜会战中，另一位阵亡的将军是来自广西的第84军第173师师长钟毅。这位老部下的牺牲对李宗仁是伤及心腹的别样痛苦。

枣宜会战之前，1939年冬，冬季攻势前夕，美国女记者史沫特莱来到第五战区的司令部，向李宗仁要求

美国女记者史沫特莱

到战区的一个部队，了解作战和医护状况。

这个与众不同的女性，曾到过延安，与毛泽东等中共领导人关系密切，还为八路军总司令朱德写过一本传记《伟大的道路》。李宗仁建议她到有"铁军"之称的173师观摩。第一次见到钟毅师长，史沫特莱的描写富有诗意：

我看见桌子后面站着一个穿着卡其的男人。他转过身来，用他的黑眼睛打量着我。这个人中等身材，看来很年轻——后来我知道他已经三十九岁。那张脸庞是爽朗多于英俊。他深沉的声音具有悠和的音乐感，带着一丝淡淡的沉思。

史沫特莱目睹了钟毅率部接连扫除日军在安陆、钟祥的据点。

几个月后，在重庆的史沫特莱收到钟毅从战争最前线写给她的信，钟毅用他不熟习的英文告诉史沫特莱，他的部队173师开赴钟祥前线。信的最后几句话令史沫特莱不安："你一定要告诉你的国人，我们会战斗至死，直到胜利。不要忘记！"

史沫特莱觉得这很像是绝命书。不久，果然传来钟毅阵亡的噩耗。史沫特莱激动地向来人喊叫：这不是真的，这是谣言。悲伤的史沫特莱在她的《中国的战歌》一书里，用整整两篇描述她在第173师采访的经历。

枣宜会战之初，173师担任预备队。战况陷入困境时，李宗仁急调钟毅部队负责掩护第五战区主力部队突围，并对日军实行反包围。钟毅奉命在枣阳一带，全力阻击日军主力，与日军藤田师团血战七天。5月8日，日军攻陷枣阳。

173 师师长钟毅

钟毅灵柩在妻子和弟弟护送
下抵达重庆，接受公祭

河南与湖北交界的唐河县苍台镇丁湾村，村里的孩子都知道当年钟毅将军牺牲的地方在哪里。

5月9日下午，钟毅率师部及卫队在这里与日军骑兵遭遇。双方短兵相接，杀成一团。中国官兵伤亡殆尽，最后钟毅师长身边只剩下一个卫士排。右胸负重伤的钟毅，下令卫士们分散突围，然后埋好机要物品，从容自戕殉国，时年39岁。

钟毅之弟钟纪的养子钟优伍：

他牺牲以后，蒋介石打电报给李宗仁说，张自忠、钟毅牺牲了，他们的遗体找到了没有，找到了以后就运回重庆。

钟毅灵柩运到重庆后，重庆方面举行了隆重的公祭仪式。

钟毅之弟钟纪的养子钟优伍：

重庆公祭的时候，延安同时开会。延安开会的时候，朱德、王稼祥、王明，那时候，还有共产党的主要领导人都参加了。开会完了以后，就发唁电，

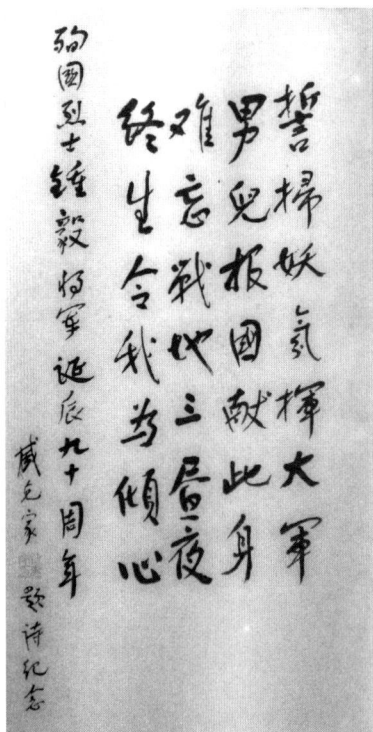

诗人臧克家在钟毅诞辰 90 周年之际赋诗缅怀

钟毅家属也接到延安唁电。

后来，他的遗体被运回广西，安葬于桂林东郊尧山脚下。史沫特莱在离开中国之前，特地到了桂林，在钟毅坟前向她尊敬的亡友道别。《中国的战歌》一章的题目，她用的就是钟毅将军的那句话：告诉你的国人。

广西扶绥县长沙村钟毅将军故居旁，乡亲们修建纪念亭怀念他，山麓栽满了红豆，又叫相思树。

钟毅之弟钟纪的养子钟优伍：

红豆还有意思的，是相思树，"红豆生南国，春来发几枝，愿君多采撷，此物最相思"。此物最相思就是很相思，很思念，用树来思念我们的抗战烈士，思念我们全国抗战，为国家独立生存的英雄。

抗战期间，李宗仁与追随他的数十万广西子弟兵南征北战，难有归期。丈夫卫国无法回乡，有些大胆的妻子思念亲人，不顾兵荒马乱，从广西出发去前线探望。

广西绥署保安 4 团团长蒙鹏飞之子蒙天祥：

抗战期间通信一点不发达，连信件的来往都困难，电话、电报都没有。我的姑姑，这些广西军人的太太，知道丈夫死的机会多、活的机会少，在这个思考之下，去跟丈夫见一面，不是劝他不要打，见一面这一辈子就安了。

广西男子出征，广西的妇女在田间忙收割

广西男子出征，女人到田间劳作

蒙天祥的姑姑带着一帮太太们在弥漫的硝烟中，从广西踏上了千里寻夫的艰难旅程。

广西绥署保安4团团长蒙鹏飞之子蒙天祥：

她们最少走穿了两双鞋底，才走到安徽，找到自己的先生，告诉他们你尽管打，我们来看你了，你放心，家里不用你顾虑，安慰丈夫，鼓励他打，为了鼓励他们向前报国。

1945年初，李宗仁调任汉中行营主任。

2月下旬，李宗仁离开老河口前往汉中赴任。老河口百姓闻讯，夹道欢送李宗仁，欢送的人群一直把李宗仁送到汉水边。不少百姓又陪同他过浮桥。李宗仁过桥后，十分留恋地眺望河对岸的老河口，将领们催促多次，他才依依不舍地上了汽车。

1987年7月7日，老河口市人民政府为了纪念全面抗战爆发50周年，缅怀李宗仁将军在抗日战争中的功绩，将第五战区长官司令部旧址及李宗仁居

1945年6月29日，李宗仁（左一，汉中行营主任）、魏德迈（左二，中国战区参谋长）、蒋介石（中）、白崇禧（右一）等在陕西汉中

所重新修复，辟为纪念馆。

二

1938年11月4日，秋风萧瑟的日子，陆军大学代理校长蒋百里在广西宜山去世。虽然正逢战乱年代，他的去世，还是引起各方的吊唁。《大公报》总编辑王芸生写道：百里先生是中国有数的军事学家，他未曾典兵，而他的学生多是典兵大将；他的军事著作虽不算多，而片语只字都可作兵学经典。蒋百里去世前夕，武汉被日军占领，抗战形势愈发严峻。面对陷入癫狂的日本，他将一句格言般的文字留给自己的同胞：胜也罢，败也罢，就是不要同它讲和。

国防学会印行了蒋百里的《国防论》，白崇禧是校阅人，作为保定军官学校的毕业生，他对老校长蒋百里保持着敬意，这本文选的扉页上写着：万语千言，只是告诉大家一句话，中国是有办法的。

对中国来说，首先要拖住日本，最终目的是拖垮日本，但在残酷无情的

军事理论家蒋百里

疆场上，想以弱胜强，必须要有过人的智慧。

中国名山有五岳，衡山位居最南，故称为南岳。山上建有抗战将士忠烈祠。抗日战争期间，这里召开过两次南岳军事会议，决定了诸多抗日战略，足见这座历史名山和抗战渊源极深。

1938年底，第一次南岳军事会议在此召开。当时共产党武装在华北、华中等地所从事的游击战已经收获显著战果。受此影响，游击战在会上备受重视。会议的最后决定中，甚至明确提出"游击战重于正规战"。

南岳游击干部训练班于1939年初创办，蒋介石亲兼主任，白崇禧为副主任。

八路军是公认的游击战行家，传授游击战经验的重任便落在训练班副教育长、八路军参谋长叶剑英和他带来的多位八路军教官身上。

训练班第一、二期的学员来自全国各部队的营长以上、师长以下军官，一部分是各地县以上、专员兼保安司令以下的中高级官员。1939年1月24日，训练班正式开班。

叶剑英主讲"游击战争概论"，他的讲课大受学员欢迎。1939年4月23日，他在给中共中央的报告中提到，"首先使他们认识了游击战的重要性与非神秘性，实际地体验了游击战中'政治重于军事，民众重于士兵'的真

八路军参谋长叶剑英（左二）与八路军教官在南岳游击干部训练班

理"。白崇禧也来训练班，为学员讲授"关于游击战争问题"。他清楚游击战的重要，但国军缺乏游击战的经验。

1939年10月，军训部部长白崇禧，下令编成《游击战纲要》一书，分发各战区、各军事学校，作为研讨与实施游击战的依据。《纲要》共240页，分组织、根据地、政治工作、战斗、命令等14篇。其中的战斗篇专门阐述了游击战术，提到敌进我退、敌退我进、敌驻我扰、敌疲我攻、声东击西、避实就虚等字样，从中可以看到八路军、新四军作为游击战的楷模所留下的深刻印记。

台湾中正大学教授杨维真：

白崇禧他刚好在抗战的时候，他人就在重庆。所以他比其他的桂系将领有更多的机会，可以跟周恩来、八路军的这些相关的将领往来，尤其是白崇禧向来重视的游击战。

抗战时的国军总参谋长程潜（左）、军政部长何应钦（中）、军训部长白崇禧（右）

江苏省行政学院教授李继锋：

抗战前期，苏北、鲁南、中条山、冀中等地都是国民党投下重兵从事游击战的区域。在华北，国民政府系统的军队里边（游击战）坚持得最久的，也是最有影响力的是中条山，但是在1941年，中条山坚守的中国军队，遭受到了非常巨大的损失。1941年，山西中条山被日军占领，这块国民党的敌后根据地遭到毁灭性的打击，唐淮源、寸性奇等将领阵亡，数万将士成为战俘，有的被屠杀，有的被送去做劳工。至于冀察、苏鲁等游击战区的敌后部队大量投降了日军，或者力量微弱，失去了战斗力，只有广西军队在鄂豫皖交界的大别山经营的敌后根据地顽强地存在着。他们一直坚持到了抗战的胜利。

三

大别山位于湖北、河南、安徽交界处，历来为兵家必争之地。广西军队在这里建立了敌后抗日根据地，令武汉、合肥、南京等地日军感到不安。津浦铁路、平汉铁路和长江三条交通大动脉也时常受到威胁。

武汉丢失之后,广西军队以安徽大别山为中心,开始了长达7年的敌后游击战,最初的实践者就是廖磊将军。

白崇禧之子白先勇:

廖磊会打仗,善战,很勇敢,是个骁将。廖磊很直的。他的太太廖夫人,有时候还到我们家来住的,跟我母亲蛮好的。

廖磊毕业于保定军官学校,1922年,32岁的营长廖磊与21岁的胡慧结婚,从此两人终身相守。廖磊与前妻和胡慧均无生养,就把胡慧两个弟弟的孩子接到身边养护,军务闲暇最重要的一件事,便是教妻子识字写信。

廖磊妻胡慧之侄胡湘源:

我姑妈没有什么文化,但是后来廖磊跟她结婚以后,就请了专门的老师,包括英文老师教她学英语,教她一些正常的活动。他就规定她,在安徽前线的时候,每个月最少一到两封信,所以我姑妈不管怎么样,她最后还能写一些东西了,能够识字了。

126

坚守大别山敌后基地的桂军士兵

当时在敌后建立根据地十分艰难，也不那么受重视，一般正规军将领不屑做此事。李宗仁召见李品仙和廖磊时，也不便说谁必须去大别山，廖磊见状，便主动请求前往大别山，以第21集团军总司令之职，兼任鄂豫皖边区游击总指挥、安徽省政府主席。

廖磊一生最出色的功业就是对大别山敌后抗日基地的开辟和经营。他率部袭击平汉、津浦两铁路南段之敌和皖中、皖东的敌军，使鄂东之敌被迫退守武汉附近，长江南北两岸敌军退至芜湖、怀宁，六安之敌则被迫退守合肥。在第21集团军官兵的努力下，安徽的62个县中，能保留完整的达到35个，县境有敌踪的7个县，县城为日军盘踞的为19个县。第21集团军在大别山站稳了脚跟。鄂豫皖游击区的中心定在了当时的立煌县（今金寨县）。

作为安徽省主席，廖磊一方面经常布衣素食，或赤脚草鞋，为军民做表率，以至于上行下效。此外，他还将广西的治理方式运用到安徽，曾下令，全省公务人员不论官阶高下，不论年龄老幼，一律着短装，戴军帽。这种装束虽被安徽民间称为"似官非官，似兵非兵"，但地方政府机构面貌为之一新，办事效率也大为提高。财政方面更是立竿见影，虽然是战时，安徽的财政收入不减反增，1939年有大幅度上升，这在当时非常罕见。李宗仁对于大别山游击基地赞不绝口："廖磊在大别山苦心孤诣经营的结果，竟形成令人羡慕的小康之局。"《新华日报》曾赞扬皖省抗战事迹："这里的武装民众，潜伏在城市中、村庄里、山林间，不知有多少，在表面上的力量是看不出，在实际上的力量是说不清。"皖省的民众武装是"抗战历史中光辉的一页"。

廖磊曾主动与新四军第四支队进行联系，以便协同对日作战，还让安徽省财政厅按月补助新四军3万元经费。在新四军中，参谋长张云逸与广西将领素有往来。担任过副参谋长的周子昆和第4师副师长的韦国清等也是广西籍的将领。新四军军长叶挺、参谋长张云逸等应邀去立煌县为广西军官作游击战术辅导。第21集团军总部所办的《大别山日报》特地刊登了一篇题为《欢迎叶挺将军》的社论。双方还相互交换情报，合作保持大江南北交通畅通。

张云逸之子张光东：

这次新四军跟廖磊谈判实际上是三个目的：一个是军饷，解决了他要国民党第五战区发军饷的问题；然后争取了向东发展的活动区域；第三个就是争取了编制。

1939年夏天，广西军队和新四军合作突袭安庆，新四军提供情报并作掩护，广西军队韦高振团潜入城内打开城门，歼灭日军一部。

廖磊妻胡慧之侄胡湘源：

廖磊这个人还是比较开明的。当时在安徽前线的时候，他都是鼓励广大军民团结起来，和新四军有联系，互相支援。

当时的安徽，各种政治势力互相牵制互相斗争。掌握安徽军政大权的廖磊成为各方争取的焦点人物。处于这些团体派别之间，他总是试图缓和冲突，设法保护民主进步力量。美国记者史沫特莱于1939年9月底至10月底到过立煌，在《中国的战歌》一书中，感受到廖磊难处的她写道："像许多其他老一代的人一样，廖将军一只脚踏在过去，一只脚踏在未来。"

周恩来（中）与新四军军长叶挺（右）、副军长项英（左）

廖磊字燕农，他遗存的《燕农日记》最早记于1938年7月7日，"卢沟桥事变"周年纪念日，最后一篇日记写于1939年10月12日。在这一天的日记上，廖磊写道：

十二日，晴。刘科长检验余之血压，竟高至152—174度，比去年更高，血管已硬化，最易犯血冲至脑，而致昏迷，颇可惧也！

第二天，廖磊最担心的事情还是发生了。

廖磊妻胡慧之侄胡湘源：
当时我记得我姑妈跟我说，他那天接了几个电话，突然脑出血，因为战事打得很紧张。在那个年代，他日以继夜都为战事。我姑母那么远到了那里，他们两个夫妻相当恩爱，都没有时间跟自己的夫人谈一些家里面的事情。

1939年10月23日，廖磊因脑出血在立煌县病逝。廖磊在短暂的清醒期间留下这样的遗嘱：大敌当前，非保卫江淮，无以屏蔽陇蜀，恢复中原；非巩固大别山脉，无以树大举反攻之基。临终前说："我不行了，希望你们努力抗战，莫让日寇窜进大别山。"

廖磊虽非牺牲于疆场之上，但他对抗战的忠心耿耿受到各方认可，唁电纷至沓来。中共领导人周恩来等送去挽联，新四军军长叶挺、副军长项英等发了唁电，表示对他的深切悼念。

廖磊妻子胡慧的侄儿胡湘源：
当时新四军派了一个很庞大的队伍为他送葬，我当时看见过这些相片，国共两军都集体为他送葬。

廖磊的去世，令担任过安徽省财政厅长的章乃器深感痛惜，他眼中的廖磊生活极其简朴，一条毛巾用得像抹布的样子还在用，对民众的生活却很关切。在《忆廖磊将军》一文中写道："大家也都知道他治军甚严，但我以为还

章乃器所撰《忆廖磊将军》

毋宁说他爱民甚切。他常说：军人和民众冲突总应该让军人吃点亏，所以宁可使军人怕民众，不要使民众怕军人。"

广西士兵军纪严明，和当地老百姓关系融洽，使得他们能够在艰苦的敌后得以存活下来。《新华日报》记者陆诒这样描绘广西军队："在每一个士兵身上，你找不出任何坏的习气。因为这些兵士都是征兵来的，虽然他们戴上钢盔，穿起军服，拿了枪杆在战场上保卫国土，但是他们仍然保持有最纯正最天真的农民性格。他们看见那些风纪较差的军队滋扰老百姓，不但引以为怪，而且常常要自发地按捺不住地起来打抱不平。"

大别山金寨县响山寺内廖磊墓

廖磊去世后，他的职位由李品仙接任。

台湾政治大学教授刘维开：

最初，李宗仁就是做安徽省主席，后来就是廖磊、李品仙、夏威。整个的抗战期间，一直到了抗战结束之后。

1942年12月18日中午时分，一架飞机从南京飞往武汉，上面坐着日本第11军司令官冢田攻中将。这一情报很快被传到了48军军部。冢田攻中将，南京大屠杀的主犯之一。1941年12月任南方军总参谋长，辅佐寺内寿一，5个月占领了东南亚全境，1942年7月出任第11军司令官。准备执行进攻重庆和西安的五号作战计划。

据《民国三十一年第四十八军大别山战役南巢区战斗详报》及48军部分官兵的回忆，当时138师414团的全部机枪都被架上了山顶以拦击飞机。恰巧，当天恶劣的

守卫在大别山的第21集团军广西哨兵

天气状况让冢田攻的座机只能降低飞行高度并减速飞行。当天中午1时20分，飞机进入了羊角尖阵地的射击范围。在8挺重机枪射出的复仇火焰中，冢田攻的座机被击中坠落。冢田攻的死亡在日本引起极大震动。他死后被追认为大将，是中国军队在抗日战争中击毙的日军陆军军阶最高的将领。日军随后疯狂报复，但以大别山为核心的鄂豫皖游击区历经日伪军多次扫荡仍屹立不动，直至抗战胜利。1944年12月，鄂豫皖游击区更升格为第十战区。

廖磊将军在任期间的开创性贡献，应被后人铭记。

安徽潜山县的群山中，有一所名闻遐迩的省级示范性高中：野寨中学。数十年来，第176师官兵在当地抗战的故事一直是这所学校的乡土教材。

第 21 集团军 48 军 174 师 1039 团战士

野寨中学方立平老师：

我们在课程中给大家讲过，当年安庆地区流传了一句民谣：要吃鬼子肉，除非176。

第176师，隶属于坚守大别山敌后的广西第21集团军第48军，这支部队有着与众不同的来历。

江苏省行政学院教授李继锋：

十九路军在"一·二八"淞沪抗战主动抵抗日军，并和日军恶战一场，从此十九路军这个名词成为抗日的代名词。蔡廷锴等成为国内外知名的民族英雄。蔡廷锴曾经在广西重组第十九路军，但是在两广兵变失败之后，十九路军再次被解散了，剩下的一些军官，他们后来就成了176师的班底，原十九路军78师师长区寿年成为176师首任师长，所以这支军队实际上是十九路军和广西军队的一个混合产物。

第 21 集团军 48 军 176 师抗日阵亡将士公墓（安徽潜山野寨中学）

安徽潜山野寨中学师生常年举行祭扫烈士墓仪式以慰忠魂

这支融合了十九路军和广西军队传统的劲旅，在抗战中战功卓著。在著名的"三袭安庆"中，为防止日军发挥兵力和武器装备上的优势而摸索出突然袭击的方法，176师团长莫敌对此战术贡献很大。这套战术的特点就是将大部队分散为多股小部队，从不同位置袭击日军，以破坏日军交通和通信线路，毁坏日军武器装备、后勤仓储、重要设施为目标。该战术十分有效。

176师转战五省，大小百战，从1939年以后，始终坚守在大别山从事游击战。至1942

第48军176师莫敌团长

年，第176师已有3713名官兵为国捐躯，他们中的985名烈士遗骸就埋葬在这座忠烈祠中。潜山县民众为祭奠英灵并安顿烈士遗孤，特地在此创办了景忠中学，它就是野寨中学的前身。

从此，广西抗战健儿的功勋和勇气，因这座墓园和这所中学而存留在潜水河畔，存留在大别山的崇山峻岭之间，存留在莘莘学子的精神世界之中。

四

进入1939年，全国抗战局面日趋复杂，面对共产党力量的迅猛发展，蒋介石深感惊恐，做出多种反共限共的措施，国共军队的摩擦时有发生。可在广西，国共之间依旧保持着合作的热度。

1939年2月，周恩来与新四军军长叶挺从重庆经桂林赴皖南，在桂林受到白崇禧的款待。2月16日，桂林行营大礼堂举行庆祝军训部成立一周年纪念大会，周恩来发表了题为"军训工作之重要"的即席演讲，全场掌声雷动。

3月，中山路桂林大戏院，桂林文化界举行大型座谈会，白崇禧出席作了题为"团结抗战"的长篇演说。演说一结束，全场齐声高唱团结抗战歌曲，震撼场内外。

周恩来与白崇禧之间这种互动并非偶然。

台湾中正大学教授杨维真：

在武汉撤守的时候，白崇禧将军当时是副参谋总长兼军训部的部长，周恩来当时是政治部的副部长。他们都奉命从武汉撤退到长沙。在这途中，周恩来的车子坏了，一时没有办法修好，刚好白崇禧的车子经过，就载了周恩来。周恩来跟白崇禧就在车上，一路到了长沙。

美国记者斯诺访问过白崇禧，他写道："白崇禧是国民党的一个老党员。

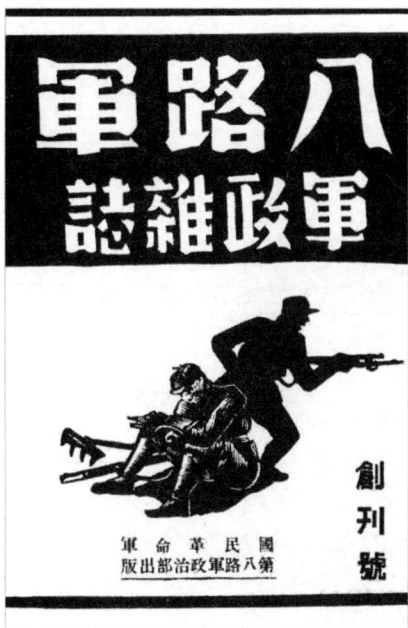

《八路军军政杂志》创刊号

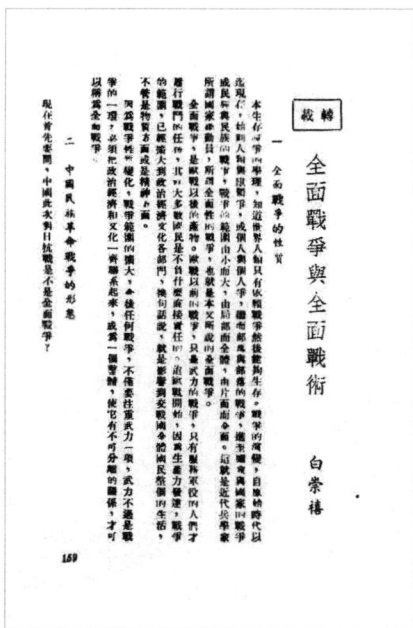

白崇禧的《全面战争与全面战术》一文刊登在《八路军军政杂志》创刊号上

但他在广西的施政，却多少与共产党所已实行的相似。"白崇禧对斯诺明确表示："共产党所应用的有效的方法"，"革命的国民党都可以实行"。白崇禧的《全面战争与全面战术》一文曾刊登在《八路军军政杂志》的创刊号上。可见相互之间存在共识。

全国抗战前期，中国共产党表态支持广西抗战，不干涉广西内部的政务，不挖广西墙脚，广西则支持新四军抗战，对追随共产党的左翼文化人士保持友好、宽容的态度。

1940年初，宋庆龄、陈嘉庚在海外爱国华侨中募集到的大批紧缺物资，急需从越南转运国内。

桂林八路军办事处陈列馆研究馆员文丰义：

当时这批物资呢，它有汽油，还有医药用品、医疗器材，还有通信器材等等一大批物资，特别是当时通信器材它是零部件全部拆开的，可以装满两大间房子。

桂林八路军办事处负责人李克农立即派人率领正在桂林培训的20多位南洋华侨司机，驾驶华侨捐赠的十几辆卡车，日夜兼程赶赴越南。

1939年1月，李克农代表八路军、新四军在桂林接受南洋华侨捐献的汽车等物资

桂林八路军办事处陈列馆研究馆员文丰义：

当时这批物资运到桂林以后，分成两条线路，分别运到新四军前线和八路军前线去，当时也就是因为桂林八办这批通信器材运抵延安党中央了，所以当时八路军前线，很多通信设备能够正常运转，都是靠这边来解决通信器材。

桂南会战后，桂林行营改为桂林办公厅，主任李济深成为广西境内职位最高的长官。李济深，广西梧州人，李宗仁、白崇禧、黄旭初崛起之初，得到过在粤军任职的李济深的支持，双方感情深厚。李济深在任上，政治上采取宽容的政策，他的做法得到广西省主席黄旭初的配合。

黄旭初是广西容县人，陆军大学第四期毕业，北伐时在李宗仁率领的第7军担任旅长。1931年，39岁的黄旭初担任广西省主席一职直至1949年止。当李宗仁、白崇禧长期在外时，广西就在这位貌不惊人的省主席掌控之中。

黄旭初之子黄武良：

他做大管家，在广西，坐镇广西。因为他没有官瘾，没有野心。所以呢，李、白很放心他留在广西，李、白专心去打仗了，去打日本鬼子了。

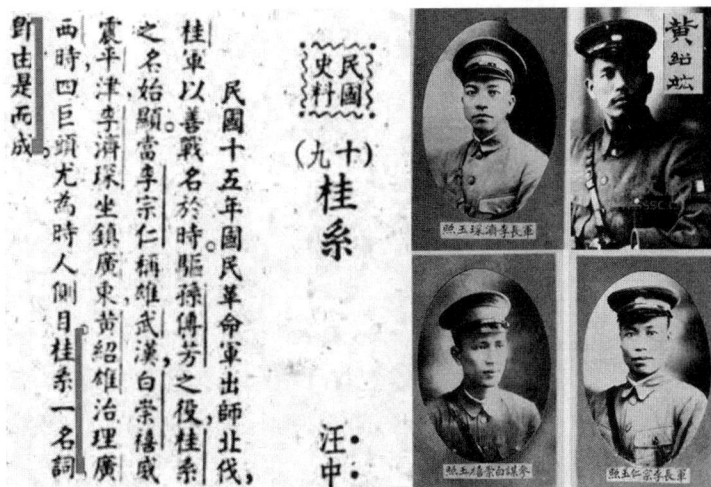

新桂系的形成与李济深的支持颇有关系，图为当时相关文献的介绍

黄旭初平常穿着布衣、布鞋，个子不高，看起来很不起眼。他的性格受父亲的强烈影响。

黄旭初之子黄武良：

我爷爷是乡村的秀才，也是教书的先生。我父亲自幼在这个庭训下，就是很守规矩的。举个例子，县里面的一个副县长见到军长，见到黄主席，已经不自在了，但是我爷爷不管，在家我最大，你是我同事，他是我儿子。结果吃饭的时候，我爷爷跟那些县的同志吃饭，我爸爸还在旁边添饭、添菜、夹菜。

有一次，黄旭初到重庆拜访孙中山之子孙科，将名片交给门卫，请他通报。

黄旭初之子黄武良：

那个守门口的工作人员以为他是黄旭初的随员，就很不客气地讲："急什么，你的黄主席还没到，你急什么？"我爸爸就讲："我就是黄主席。"结果这

广西省主席黄旭初（右）与广东省主席林云陔（左）

个守门口的才恭敬地请他进去。后来我爸告辞离开了，孙科跟他的随员讲："黄主席真像一个小学的老师。"

进入1939年后，国共关系进入多事之秋。李品仙的反共态度日渐明显。他上任后的第一项工作就是改组人事，排挤共产党人和所谓"亲共人士"。省府委员兼财政厅长章乃器被迫辞职，中共与新桂系间的合作关系变得紧张起来。

广西学生军是1937年秋由广西组织开赴安徽前线，第21、11集团军各配置一队。这些学生军多数思想前卫，有的还是中共地下党员。

学生军黄嘉（94岁）：

那个时候大家都读书，读的最多的是毛主席的两本书，一本叫作《论持久战》，学生军差不多是人手一册，这个是我们最爱读的书。

139

1939年秋，广西学生军在安徽合影

这些学生军越来越倾向共产党。当国民党反共高潮在各地出现时，中共安徽地方党组织决定将广西学生军和留在安徽地方政府中的中共党员撤往新四军江北支队控制的地区，以确保安全。第二队广西学生军在退出时，并没有受到多大的妨碍。当时广西学生军穿的是广西军服，每人身上挂着崭新的左轮手枪，被盘查时说是集团军总司令廖磊发给的枪，令值班的连、排长对学生军都肃然起敬，不但不阻拦，还给饭吃招待一番，就这样，学生军安全地通过了广西军队防线，到达新四军根据地。这批人，成为日后共产党领导的淮南、淮北、皖江三块抗日敌后根据地的骨干。

此后在大别山一带，双方进入对抗时期，小的摩擦冲突不断。事态最终演化至新四军军部准备北上时，李品仙在江北布防，声称拒绝让新四军借道通过。即使如此，中国共产党仍对广西抱有一丝期待。1940年11月1日，周恩来在给中共中央的电报中写道："白健生虽与何（应钦）合作反共，但问人中共能否让步。据冯（冯玉祥）谈，如果我们有复电表示让步，他自信白还

广西学生军女生队合影（1941年6月）

可转变，因白还是个爱国者，不等于何。"

1941年初，新四军军部及其所属皖南部队9000余人移师北上，1月6日在茂林地区遭到国民党军7个师的围攻，新四军除2000余人突围外，大部牺牲。"皖南事变"爆发，国共关系进一步恶化。

广西方面已选择和重庆站在一起，但做法上与蒋介石尚有区别。在桂林，当国民党中央下令处置在广西的共产党员和左翼人士时，广西当局采取"礼送出门"的办法。

周恩来成为《大美画报》封面人物，称其为"国共合作主要人物"

桂林八路军办事处陈列馆研究馆员文丰义：

比如当时像夏衍，像范长江，他们离开桂林的时候，还有胡愈之离开桂林的时候，当时黄旭初帮他们订票，亲自派车送他们到飞机场，直接送出广西境内。

蒋介石指名逮捕的邹韬奋等人则得到李济深掩护转赴香港。

重庆政府指令封闭的进步文化机关，广西当局采取限期自动关闭的办法，让其能够转移人员和财产。

台湾政治大学教授刘维开：

当时国共关系非常紧张的时候，中共的李克农也在广西，在桂林。在这个处境也非常困难的情况之下，是黄旭初把他送出来的，通过黄旭初的力量把他送出来。

桂林城内的抗日标语（1942年）

　　中国共产党对这一切心知肚明，在强烈谴责蒋介石、何应钦发动内战的时候，对李宗仁、白崇禧并没有点名。自此，双方关系冷淡，但未全面决裂。

　　1941年12月，太平洋战争爆发，中国成为反法西斯同盟最重要的成员之一。1943年以后，中美空军逐渐夺回空中优势，从空中到陆地，广西正在变得更加安全。

广西文史馆馆员朱袭文：

　　香港有一个报纸叫《天文台》，《天文台》的创办人陈孝威，他留日的，抗战不是有一个论调吗？叫作"会师东京"吗，画画的人就把那个狮子画到富士山头去，利用这个意思，陈孝威的"会师东京"是在桂中发表的，我听过。那时候美国的总统罗斯福、英国的首相丘吉尔就表扬他这个观点对。他念给大家听，他从香港逃难回来的。陈孝威，江西人，一口江西话，我顺便提的了，"会师东京"的演讲就是在桂中的礼堂里面发表的。

　　著名画家徐悲鸿把陈孝威"会师东京"的这句名言画成了一幅画，当时也闻名遐迩。时间到了1944年，惨烈的全国性战争已经打了七年，千百万广西人不免会憧憬：会师东京将很快梦想成真吗？

会师东京
初稿卅一年
敕狗陈孝威
足意作于
桂林
卅二年
悲鸿居
北平补题

徐悲鸿所绘《会师东京》

第五章　保卫家园

【编导手记】

　　老兵不死，他们只会渐渐隐去。此话不假，我们这部片子要寻找的亲历者正渐渐隐去，与他们一同隐入历史深处的还有曾经杀声震天、枪炮呼啸的旧战场。

　　如今的旅游胜地桂林70多年前就是一个惨烈的抗日战场。

　　1944年10月，漫长的抗战已打了13年，苦难似乎已到尽头。可偏偏在这个时候，日军6个师团十余万兵马从中原长驱南下，占长沙、衡阳之后，直逼桂林城，震动广西乃至中国。惨烈悲壮的桂林保卫战就是在这种情形之下发生的，数万将士、数十万广西民众宝贵的生命也因此终结。

　　早在1995年，抗战胜利50周年那个时间点，我们就开始关注桂林保卫战的幸存者。覃泽文，131师391团团长，他这个团负责防守漓江东岸诸阵地，桂林陷落前一天，他率部从七星岩后岩突围幸存。在桂林作家李时新帮助下，我们找到了当时住在融安县老家的覃泽文。

　　覃团长当时已85岁上下，但仍然思维清晰，身板硬朗，在融安县老街那幢木板屋内与我们长谈竟日，使我们获得了第一手有关七星岩战斗的珍贵讲述。那晚我们买回肉菜，就在他家搭伙晚餐。因我父亲也是融县人，年龄

广西抗战老兵覃
泽文与妻子邓文
秋（1995年）

相仿，便询之覃老夫妇，竟然相识，令人讶然。

覃团长的老妻邓文秋，毕业于广西医学院，他在桂林与敌厮杀的时候，她带着三个孩子正随逃难的民众躲往贵州山区，流离之间，大儿子忽染疾病，竟至死在母亲的怀里……

当年守备桂林城主要是131、170两个师，顺着这个线索，我们还寻访到两对在桂林战火中结识的夫妻。

李耀文，131师副官，桂林血战的最后时刻，他是师长阚维雍自戕殉国的见证者之一，对他而言，131师指挥部山洞里那一声悲壮的左轮枪声，许多年里就一直在脑际回荡。

刘芸，李耀文妻子，第31军政工队员。

雷日升，131师393团排长，负责防守北门阵地。

谭艺，雷日升妻子，第31军政工队员。

他们这两对夫妻从相识到结为夫妻，也得缘于桂林保卫战。1944年10月的一天，大疏散后的桂林已然一座空城，除军队外别无居民。这天李耀文、雷日升和几个好友走进中华路一幢洋房，他们在客厅里按家具排演屋主人的家庭座次，逗乐子玩耍。恰好这时刘芸、谭艺和几位女兵也走了进来，就这样，大家认识了。而后在桂林城陷落前的突围战中，他们各自冒死突出重围，

广西抗战老兵李耀文、刘芸夫妇（1995年）

广西抗战老兵雷日升（1995年）

广西抗战老兵谭艺（1995年）

炼狱脱险。月余之后，数百里外的收容点，在那里，这两对经历生死火海的
年轻人，竟然奇迹般地相聚，之后便有了他们各自的患难之家，并共同见证
了抗战胜利的时刻。

　　对覃泽文的采访，还让我们找到了一位很有传奇色彩的中共地下党员：
周季康。

　　覃泽文曾任第31军副参谋长，周季康是他的文书，但他的真实身份是
中共元老董必武的交通员，受委派潜伏做桂军上层工作。命运让他跟随覃团
长从七星岩突围、收容队伍，而后又辗转参加了桂林的收复。1945年10月
桂林光复后，覃泽文仍率部驻防桂林，周季康等奉命清理七星岩内被日军毒
气熏死的战友遗骸，并自费印刷一册书《为守桂殉城战友而歌》，印数1000册，
寄送广西各地图书馆留存。新中国成立后，他孤身一人在南宁工作，任百色
地区副专员、广西壮语文字委员会副主任，1959年四十多岁时去世，他的同
事只知道他叫姚冕光，这是他的真名。

　　20年前那次拍摄，收获颇多，遗憾也多。如今当年那些老兵早已"隐去"，
所幸在20年后拍摄这部纪录片的时候，我们有了广西壹方基金帮助老兵志愿
者的协助，根据他们截至2014年的不完全统计，广西尚有抗战老兵453人，
其中玉林市最多，77人。

1946年覃泽文与部
属重回七星岩，凭
吊牺牲的战友

　　另一个意外收获是，读到柳州档案馆吴爱玲的一篇文章，见到了这样一张老照片：覃泽文与391团部属重返七星岩旁的八角楼指挥所留影，拍摄时间为1946年2月8日。这应该是收殓完七星岩战友遗骸后的纪念照，正中一人即覃泽文，他的文书周季康，即中共地下党员姚冕光，以及副官宁德星等应该也在其中。

杨小肃

　　1944年3月13日，桂林白崇禧府邸。这一天，访客络绎不绝。为了给90岁的老母亲祝寿，白崇禧夫妇罕见地张罗了一场盛宴。母以子贵，蒋介石特地派来的特使何应钦，各方代表，甚至美国将军们都来祝寿，成为抗战以来桂林城难得一见的盛会。

　　显然，白崇禧和前来祝贺的中外将领心态放松，因为战胜日本已指日可待，唯一不清楚的是胜利哪一天到来。谁也没有料到，在一片乐观的气氛中，广西这片土地会在6个月以后，全境被战火蹂躏，满目疮痍。

白崇禧、白崇禧母亲（前排坐者）及家人合影（1944年）

一

1944年，反法西斯盟国在各个战场凯歌高奏。在西欧，日本的轴心国盟友意大利已经投降；在东欧，苏联红军于1943年在斯大林格勒和库尔斯克战役重创德军以后，正在向东欧与德国本土推进。太平洋战场上，盟军胜利地进行了越岛进攻和海空作战，先后实施了马绍尔群岛等战役，沉重打击了日本侵略军。

中国战场，中国共产党领导敌后抗日根据地军队，向日伪军发起了持续不断的局部反攻，不断收复失地。中国驻印军和中国远征军在缅北、滇西的反攻取得进展。同盟国空军已逐渐占据了空中优势，美国空军利用华南的这些机场，频繁出击和轰炸华北、东北、台湾日军，甚至日本本土。随着海上优势的消失殆尽，散落在东南亚的50多万日军与日本本土的海上交通随时会被美国海军切断，陷入补给中断、孤悬海外的窘境。

1944年1月13日，日本大本营御前会议在京都皇宫举行，策划侵华战争以来最大的一次攻势，消除同盟国空军对其本土安全的威胁，并予中国正面战场军队以歼灭性打击。随后向日军中国派遣军下达"一号作战"命令，集中50万以上的兵力，向中国豫、湘、桂地区发动进攻，以打通从中国直到越

从飞机上拍摄的桂林秧塘机场

南的大陆交通线，开始了一场日本陆军前所未有的大规模军事冒险，日本陆军参谋总长杉山元称之为"旷古之大战"。

1944年4月，日军开始向河南中西部地区发起进攻，很快打通了平汉线，从1938年底之后持续了七年的中日正面战线的对峙局面突然受到震撼，几至崩塌。6月18日，长沙即告陷落。广西再度面临日军入侵的威胁。

桂林"八桂厅"，因种有八棵数百年老桂树而得名，明清时是广西藩署的后花园，后为旧桂系首脑陆荣廷官邸，新桂系统一广西后，这里是最重要的会议和接待中心。

广西文史馆馆员朱袭文（88岁）：
八桂厅，桂林广西最有名的一个智囊机关，广西建设研究会都设在八桂厅。

停放在秧塘机场的飞虎队战机

广西民工在秧塘机场拉石碌修复跑道

1944年6月23日至25日，"八桂厅"戒备森严，第四战区秘密军事会议在这里举行。会议中，有个细节，深刻印在了与会者的记忆中，以至他们多年后都会提到：奉蒋介石特命，从重庆专程飞回桂林的副总参谋长兼军训部长白崇禧，会议结束时起立，挥臂做了一个下砍的姿势，坚定地说："无恃其不来，恃吾有以备之；无恃其不攻，恃吾不可攻也！桂林为中国斯大林格勒，必须予以坚守。"

1944年4月17日，日军"一号作战"启动后，其速度之迅速，攻势之凶猛前所未见。

日军攻打广西，有两个原因，一是占领湘桂铁路，打通和越南的交通；一是破坏广西境内的机场。尤其是桂林，拥有可起降B-29重型轰炸机的美国战略空军基地，对日本本土和太平洋战场日军构成巨大威胁。

台湾中正大学教授杨维真：

日军发动"一号作战"，一般说法是说，他要打通大陆的交通线，就是贯穿平汉跟粤汉铁路，另外一方面就是要破坏美军在华南的这些基地，空军基地。因为当时美国空军利用华南的这些机场，频繁出击和轰炸华北、东北、台湾，甚至到了日本。

飞虎队的桂林秧塘机场，位于临桂二塘。战事最高潮时，秧塘机场有200多架飞机停留。中美空军混合联队在桂林成立后的一年多时间内，先后参加了湘南空战、奇袭九江、轰炸广东、远袭台湾等，威震南中国，威名远扬。

湖南衡阳，是湘桂铁路和粤汉铁路的交汇点。这个城市的安危牵动着广西军民的心。6月26日，日军开始围攻衡阳。同一天，美国副总统华莱士访问桂林。

保卫广西是此行主要话题。华莱士答应白崇禧、张发奎，尽快拨付桂林守城部队美械装备，并希望桂林成为"东方凡尔登"。凡尔登为法国东北部战略要塞，第一次世界大战时，法军在此顽强抗击60万德军长达7个月之久。

153

秧塘机场的美空军地勤人员在维修飞机

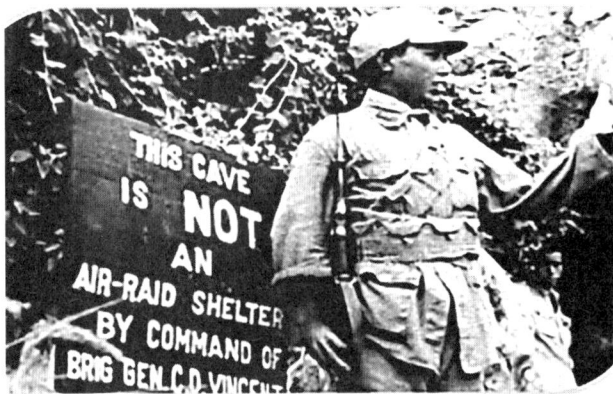

秧塘机场的岩洞指挥所前站岗的中国士兵

广西师范大学教授谭肇毅：

美国装备很快用飞机运来了。所以当时在桂林的广西部队，不少的装备是新装备。得新装备是好事，但是又不是好事。为什么呢？刚得到新装备，我们的官兵还不太会用。

白崇禧主持制定的桂林、柳州防守作战计划，迅速呈送重庆蒋介石。蒋介石不仅同意，还将此次作战命名为"桂柳会战"。

衡阳守城战，打得异常顽强，方先觉将军率领的第10军两万多中国将士在日本6万多大军的围困下，坚守城池，寸土不让。

不为人所知的是，广西军队第46军也参与了这场载入史册的殊死搏战。

在衡阳保卫战进行至30余天时，衡阳解围战打响。广西第46军新19师、175师从白鹤铺、鸡笼街，一直打到雨母山、柿江桥东北、二塘地区，也就是日军阻击中国军队解围衡阳的最后一道防线，战斗极为惨烈。

第175师通讯排长韦明杰（100岁）：

在衡阳这段时间，很难忘的就是两天没有吃东西。为什么？没有办法煮，要吃就吃生米，舀一些生米拿水送米送着吃，这样过的。这个不是光有我，很多步兵里都是这样的，饿肚子没办法煮。背一袋米一个人吃，背8斤米一个人，我们就算，8斤米要吃8天，不煮，你饿也是8天，8天生米是吃不完的，是救命的，吃下去都没有小便的。

刚换装美械的第46军军直炮兵营所辖3个榴弹炮连12门75毫米山炮，1个战防炮连4门37毫米战防炮，1个高射炮连4门20毫米高射炮，留在了衡阳协助守城。炮兵连长桂调元参加了衡阳守城战。

第46军新19师连长桂调元（93岁）：

我们所使用的炮是德国造的，它的全称大概是"德造疏陆通（音译）3.7战车防御炮"。这个炮准确，准确到什么程度呢？我们进行攻击的时候，目标是固定目标的，也就是打碉堡，我们每年都要演习一遍，演习的时候我们把炮弹打到碉堡炮弹的射孔里头去，命中率到这种程度。

最惨的就是前面的步兵，攻到碉堡附近头都不敢抬，你一抬他就要明打你，你一起来，有2秒钟，他就可以向你射击一两发子弹，往往这个时候被射倒，所以步兵的牺牲是很大的。

桂调元和炮兵营的官兵一直战斗到最后，当所有大炮都损毁后，炮手、弹药手、军马饲养兵全部编成步兵上火线，500多名官兵，幸存者连伤病员仅83人。

他们从衡阳保卫战打响，战斗到衡阳沦陷，重创敌军。

8月8日，第46军以炮火与血肉开路，攻击前进至距衡阳城中心仅10余里，望远镜已能清晰看见城中天主教堂的尖顶时，坚守48天的衡阳陷落。第46军参战部队2万余人，伤亡7000多人，撤回柳州休整。

二

广西，是中国抗日正面战场的重要战略后方基地，境内有中美空军战机起落的飞机场，有众多工厂，内迁的工厂有几百家。广西还接纳了上百万战时难民。桂林更是文化人汇聚的城市，1000多民主文化人士云集于此，桂林印刷的抗战书籍总量一度达到全国的三分之二以上。

广西省立艺术馆，现存于桂林的一座经典民国建筑，建成于1944年2月，它刚刚竣工，就聚集了来自中国南方八省五个战区的戏剧队伍，被称为"中国戏剧运动的里程碑"的"西南第一届戏剧展览会"，就在这里举行。

广西抗战文化研究会会长李建平：
总共是演出79个剧目，179场演出，它鼓舞人们坚持抗战，不松懈。

衡阳保卫战打响前夕，1944年6月14至20日，在桂林的进步文化人士共同发起"保卫大西南，保卫桂林，国旗献金大游行"。

广西抗战文化研究会会长李建平：
桂林美术学院的学生在前面打着横幅，举着国旗引路。接着就是一辆敞篷车上站有五位老人。

20世纪三四十年代，文化名流云集抗战大后方桂林，图为一次文化界的郊游活动留影，后排白衣者（左三）为熊得山，左四为邓初民，右三为陈望道，前排戴眼镜者（右二）为千家驹

他们是李济深、柳亚子、何香凝、李任仁和龙积之，又称为"长老团"。

广西抗战文化研究会会长李建平：

文艺家和一些学生，他们拿了一面大的国旗，一路上呼喊口号，有钱出钱，有力出力，一万元不多，一元钱不少，动员大家积极支援前线，为抗日战士捐款。

桂林文化城鼎盛时期曾有多达21家报馆在发行报纸，中共自"卢沟桥事变"后创办的《救亡日报》4年里辗转3个省市，在桂林出版发行的时间最长。桂林抗日大献金活动期间，为《救亡日报》义卖报纸的小报童十分活跃，当年的桂林中学学生朱袭文就是其中一位。

广西文史馆馆员朱袭文（88岁）：

那时五分钱一张报纸，你给一角钱，不找五分给你；你给两角钱来，不找一角五给你；你拿一块钱来，九角五也不给你。当时我做初中生义卖《救亡日报》，学着喊普通话：《救亡日报》，《扫荡报》，《广西日报》。

157

1944年桂林献金大游行

当时桂林的学生都是抗日宣传的活跃分子，抗战歌曲张口就来。

广西文史馆馆员朱袭文（88岁）:（唱）
中国省份二十八，广西子弟最刚强，
天生会打仗，个个喜欢把兵当，
扛起枪杆上战场，
雄壮真雄壮，敌人看见就要慌，
军队和民团本领都是同一样，
打倒一切恶势力，定家邦。

此时，桂军、中央军、粤军等各路大军日夜兼程赶赴桂林、柳州布防备战。

第131师师长阚维雍的女儿见到了匆匆回家的父亲：

阚维雍的女儿阚培荪：
有一天我父亲回来了，穿着一身士兵的衣服，杵了一根竹子当拐棍，一个挎包上面系了毛巾。晒得满脸漆黑，穿那个草鞋脚都磨破了。我母亲就愣住了，就说你怎么是这个模样呢。他说，我们急行军开到桂林去。

广西全州的黄沙河镇位于湘桂交界线上，南距桂林仅120公里。全州、桂林、柳州的防守是整个桂柳会战的核心。按照部署，中央军第93军防守全州，是第一道防线。16集团军的桂军第31、第46两个军防守桂林，为第二道防线。张发奎指挥的粤军第62、第64军防守柳州，为第三道防线。计划各"死守三个月"。如果赢得半年以上的时间，中国远征军10多万大军，有可能乘胜迅速回师广西一带，围歼日军主力。

白崇禧原定第46军守全州，中央军第93军守桂林。蒋介石改为第93军守全州，第46军防桂林。93军为美械装备，曾是重庆卫戍部队，由川经黔入桂，参加桂柳会战。蒋介石还给第93军准备了作战约三个月的军用物资。这一对调，铸成大错。

台湾辅仁大学教授林桶法：

蒋介石也是一个参谋长出身。所以参谋长有一个坏处，就是什么事情都要去插一脚，甚至什么事情都由他来策划。尤其他是军人出身，所以他对军事方面的话，常常有所谓的越级指挥。

此时93军这样出现在张发奎笔下："由四川开往广西时，沿途拉夫扰民，到处殴打百姓，在贵阳市架起机枪同保安部队斗殴。"但当日军在黄沙河与第93军前哨战刚刚打响时，第93军军长陈牧农担心全军被日军主力包围，便下令全军后撤60公里。他的胆怯葬送了此前所有的谋划和准备。

9月14日凌晨，日军一个中队进入全州时，已是一座空城。城内火光冲天，储存的军用物资连同中国远征军第5军后方仓库里的汽车、坦克已被烧得干干净净。

一夜间，桂林门户洞开。

全州弃守后第七天，蒋介石下令将陈牧农在桂林将军桥军法刑场枪决。这位将军临刑前遗书家人："因作战不力，失守全州，现受国法制裁，希将尸体焚化，勿遗臭于地。"

日军第六方面军所属第11军6个师团及重炮野炮联队、坦克联队，以及针对桂林地形调来的关东军山地部队等10万多兵力，沿湘桂铁路、公路正面直指桂林。桂林，顿时成为全中国全世界瞩目的焦点。

全州陷落的第二天，《新华日报》发表周恩来亲自修改审定的重要社论《论湘桂战局》："时间是太紧迫了，任何犹豫，都是对战争有害的，赶快用一切力量扭转战局。"同一天，盟军中国战区参谋长史迪威将军匆匆飞抵桂林。他在这天的日记中悲观地写道："灾难逼近桂林了，没有什么阻止得了日本人的进攻。"

《张发奎口述自传》记载："史迪威于9月18日修订了桂林防守计划，上呈蒋先生，该计划有一项乃是建议将31军移驻桂林外围，蒋先生同意此一建议并下达白崇禧。"但白崇禧随后并没有移动第31军，而是把两个主力师188师、175师作为机动兵团移驻桂林外围。

188师师长海竞强是白崇禧的外甥，他原定是留在桂林防守。

第188师师长海竞强之子海英杰：

我父亲告诉我，在桂林保卫，防卫工事完成以后，奉了白将军的命令，连夜就撤出了桂林，往永福方面去前进。等于是隐蔽在永福的附近。然后连夜就坐火车到达了来宾，参加最重要的桂平和西江的反击战。

广西师范大学教授谭肇毅：

日本军队占了全州以后，就往南推进了，到了兴安、灵川附近这一带，就停下来不动了。而在广东的日本军队23军开始动手，向梧州进攻。

战局出现在桂林南面300多公里的桂平。10月19日，从广东入桂的日军第23军所辖的23旅团，攻占桂平后进入蒙圩，孤军冒进。中国军队等到了出手的机会。白崇禧坐镇桂林部署，张发奎前往黎塘指挥，果断发起了西江反击战。

桂军第188师、第175师和粤军第64军迅即南下，悄悄进抵桂平地区，在日军第23军5万大军一字长蛇阵中，抓住了日军第23旅团这个蛇头，这是桂柳会战中国军队兵力仅有一次在局部战场以4∶1左右优势压倒日军。

第188师师长海竞强之子海英杰：

这个西江反击战是由白将军亲自督战的。主力部队就是我父亲的188师。经过几次血战以后，他几乎歼灭了日军的第23旅团。

白崇禧、张发奎计划速战速决，先歼灭敌第23独立混成旅团，再回师桂林。

日军后来在其战史中多处记载了中国军队这次反击战："重庆军在桂平正面的反攻，是以第四战区的有力部队（7—8个师）认真发动的，但这完全出乎第23军的预料。"

后来，《张发奎口述自传》中写道：

我很激动也很得意，这是我第一次向日寇发动大规模的进攻，也是我第一次指挥空地联合作战。美国低级军官、士官、士兵加入了我们的前线部队，他们配备了无线电台，所以能引导第十四航空队的战机。

但很快白崇禧指示张发奎返回柳州，因为桂柳方面形势急速逆转。

日军第11军司令官横山勇通过无线电侦听得知中国军队不断向桂平调动，便下令已进入桂林东南郊的日军第3、13两个精锐师团，迅疾南下柳州，乘虚攻占桂林，并且抢占柳州。

另一路日军则从湘桂线正面强攻，同时利用山间小道迂回穿插，迅速打到桂林城下。

面对日军的全面入侵，广西各村各寨的民众纷纷订立《抗战公约》，各家户主签名画押，他们还到村、街公所集体宣誓："遵守抗战公约，精忠救国，不做汉奸，如有违背，天诛地灭……"掷地有声的誓词贴在每家厅堂上，父诫其子，兄勉其弟，妻劝其夫，共同遵守。桂林战况紧急时，广西各地有近20万各族青年，自发在"报国保家血书"上以血签名，向广西省政府请战，要求奔赴桂林前线，与日军血战到底。桂林周围各县民团主力共5000余人，自带武器给养，徒步前往桂林，担任搜索、警戒、袭击等任务，协助军队作战。李宗仁的堂弟李宗信，时任第84军少将参谋长，他甚至发动全家参战。

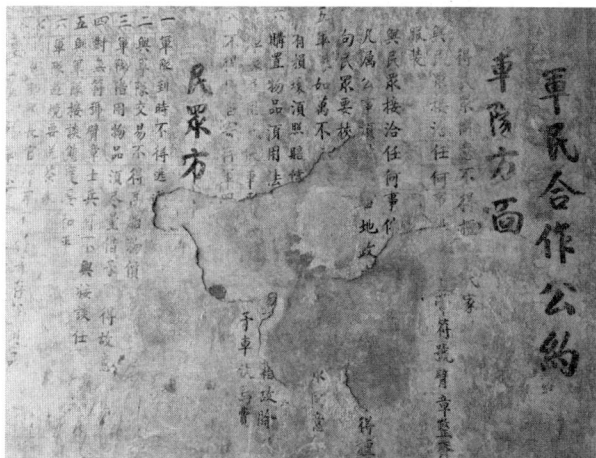

写于全州的《军民合作公约》

美籍华人、李宗仁之侄李伦
（84岁）：

日本军队打进广西桂林的时候，我年纪很小，大概是十二三岁。我父亲很凶，他把所有家里的枪都放在客厅。他跟我们说，跟我们兄弟、堂兄弟、叔叔说，你们哪一个能够拿得动枪就拿起来，拿不动你们就滚出去，不是我们家里的人。我那个时候重的枪拿不起，我就拿轻的驳壳枪。

被日军炸毁的桂林中正桥（今解放桥桥址）

从城东的七星山俯瞰桂林城，漓江正是桂林老城的天然屏障。从1944年9月13日全州沦陷，到10月29日日军兵临桂林城下，120余公里距离，打了一个半月，日军已经付出了近4000人伤亡的代价。

四

此时的桂林，除了守城的两万多将士，早已经是一座空城。

1941年12月8日"珍珠港事件"以后，避难到香港那边的人回流到桂林，1941年—1944年四年间，是桂林的极盛时代。但突如其来的战火毁坏了平静的生活，全城市民的生命在炮火的威胁下，显得脆弱与无助。

6月27日，日军开始围攻衡阳，桂林城防司令部第一次发布疏散命令；9月8日，日军逼近全州，桂林城防司令部第二次发布疏散命令；9月12日，桂林城防司令部发布强制疏散命令，限期9月14日正午前，所有市民全部离城，否则以汉奸论处。几十万市民，不管是土著居民，还是外来的移民，不得不离开家园，踏上流亡之路。

广西文史馆馆员朱袭文：

我没去车站，住车站的人讲，往贵阳、柳州开去的火车，连车棚上面都有人住了，还传说过隧道的时候有人滚下来，这是听到传说的，我没到车站，我在城里面，街上空城一座了。

广西省主席黄旭初的小儿子就是在母亲逃难到武鸣时出生的，因此名叫武良。

黄旭初之子黄武良：

1944年的7月份前后，政府已经动员疏散，氛围很紧张，当时我爸就要带省政府先到宜山，然后再去百色，那时候我妈在桂林已经有我了，为了安全，我们就疏散去南宁，一路很辛苦，颠沛流离，停停顿顿。到了武鸣我妈实在走不动了，就进了武鸣医院，我就在那边出生。

留下防守桂林的是阚维雍第131师、许高阳第170师25000名官兵。因兵力不足，按四个师配置修筑的城防工事，至少有四分之一因为无兵驻守而不得不放弃。

美国《生活》杂志刊载的民众从桂林疏散的情景

第131师师长阚维雍

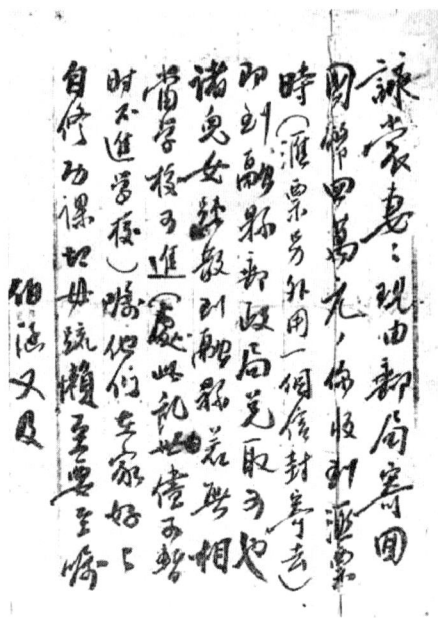

阚维雍师长遗函(写给妻子罗咏裳的信)

日军主攻桂林的三个师团约5万多人,拥有战车35辆、山炮百余门、野炮50余门,兵力火力占据绝对优势。在这座四面强敌的孤城、空城里,守城官兵清楚自己已陷入险境甚至绝境。他们早已准备与桂林城共存亡。

10月4日,第131师师长阚维雍写给妻子罗咏裳的信里说:

此次保卫桂林大会战不日即可开幕,此战关系重大,我得率师参加,正感幸运,不成功便成仁,总要与日寇大厮杀一场也。汝带一群儿女避居融县,战端一开通信已成问题,接济更不容易,已另函托均任兄就近关照,家无积余,用度极力节省,如何寒苦亦当忍受,抗战胜利在望,生活总有解决办法也。我在此生活如常,无须远念。

他当过李宗仁的机要秘书,也当过军校的教官,参加过桂南会战,军功与履历均显示他有着光明的未来,但他将这一切置之度外,作为守城主力军

1946 年，阚维雍遗属于墓前合影

生活中的阚维雍将军

的指挥官，他决心尽忠职守，将生死置之度外。

吕旃蒙，湖南零陵县人，第31军参谋长。

吕旃蒙之女吕玲：

在柳州车站他与母亲周成益分手时说："当兵不怕死，怕死不当兵，这是一个军人的气派！就是我与日军作战死了，史书也会记载的。"

第四战区司令长官张发奎拟调他赴独山大后方上任，他回复："大敌当前，正是吾人报效国家之时，我怎么能离开全军兄弟去大后方山区呢？"

广西岑溪市筋竹村一幢当地人称作"将军楼"的西式楼房里，即将赴桂林就任城防司令部参谋长的陈济桓正在安排家事，把九个孩子分别给他的三位夫人抚养。他还写信给妻子，要为尚未出生的孩子起个名字。

桂军宿将陈济桓中将

陈济桓之子陈浩林:

孩子出世以后,他的名字这样叫,如果桂林保卫战胜利,叫作陈可卫,保卫的卫,说明桂林可以保卫。如果我出现意外,那我已经牺牲了,桂林失守了我也不在了,那就叫陈可伟,伟大的伟。

当时,他的三位夫人谁也没有想到,这次谈话竟成了丈夫最后的诀别。

桂林防守战从10月29日持续到11月10日,桂林城被日军攻破。

广西融安人覃泽文作为31军131师391团团长,负责漓江东岸的防守阵地,他的团部设在普陀山七星岩外八角楼。他的副官宁德星在戎马倥偬中留下了一份宝贵的战地日记。不仅记下了10月29日听到的日军进攻的枪炮声,也记下了他第一眼看到的来犯日军。

《宁德星战场日记》(当日·我可爱的空中战友——十月三十一日):

盟机三架掠过头顶,向尧山直扑过去,她们飞得比尧山低,侧着翼,似乎在搜索地上的目标,我从望远镜里望见几个不沉着的敌兵在跑动——这是我第一次看见盟机在我们阵地前活动,也是第一次看见攻桂的敌兵。

"轰隆!轰隆!轰隆!"炸弹像倾盆似的投掷下去,一团一团的浓烟从那山腰山脚冒起来,可惜看不出里面是否夹有敌人的血和肉。

很快,尧山被日军占据,构筑为炮兵阵地,居高临下,其炮火几乎覆盖桂林全城,对守军威胁极大。

391团官兵顽强抵抗后,被迫撤至普陀山七星岩内。日军围山后,先用山炮猛轰岩口,然后投入大批瓦斯弹,再用火焰喷射器向岩内喷射,岩内中国800官兵全部壮烈殉国。

桂林城破之日，阚维雍将军不愿逃生，在指挥所内举枪自尽殉国。吕旃蒙少将在德智桥桥头与敌战斗中壮烈牺牲。桂林城防司令部参谋长陈济桓中将身负重伤，不愿被俘受辱，于侯山下自杀殉国。

黄旭初之子黄武良：

我父亲的回忆录上记载，令他最难忘记的就是三将军，几个人牺牲也不投降。令他最愤慨的是日本鬼子用毒气毒害我们守在（七星岩）山洞的800英雄，这是他最愤慨的。

抗战胜利五十周年之际，几位已届耄耋之年的中国军人重返七星岩，为当年的战友、官长扫墓。原防守桂林漓江东岸地区的第131师391团团长覃泽文，他战后重返桂林在祭奠殉城战友的祭文中写道：

不论官兵，不分昼夜，一以拼十，十以拼百，冲而复杀，杀而复冲，踩踏过敌寇尸体之上，倒卧在敌寇血泊之中！

桂林保卫战中，中国阵亡将士6488人，日军死伤6000余人。参加过侵华战争的不少日本老兵认为：1944年的桂林保卫战，是他们在中国战场上遇到的最残酷的战役。

白崇禧本来信心满满，但后来战局的发展出乎他的意料之外。他反思此战役时说："以质量言，我兵力不如敌，就数量而言，也不较敌为多，故难望有多表现。"

台湾中正大学教授杨维真：

我觉得有时候他非战之罪，而是整体中国整个军力的一个衰退。我们有一些数字，就是说在开战初期，比如淞沪会战，大概日中双方的伤亡比例是1：3，也就是说日本死了一个，中国要付出三个人这样的代价。可是到了抗战中期以后，是1：7到8，就是中国军队要死亡7个到8个人才能够歼灭日军一个士兵。

焦土抗战本是李宗仁在抗战前就提出来的主张，在抗战行将结束前，焦土抗战在桂林竟成为现实。

第31军135师政工队员廖如玺（93岁）：

桂林本来有几十万人口的，我们到桂林的时候连部队、连过路人只有400多个人，很多群众紧急疏散，房子都烧光了，桂南、桂北、桂中、桂西只有一间药材铺，因为它有隔火巷，那个药材铺没有烧着，其他已经烧光了。剩下的房间都是郊区零零丁丁的房子，大概有三四百间零丁的房子。城中的桂南、桂北、桂中、桂西没有房子了，街道的电线杆都被火烧了，连桉树也被烧焦了，桉树有很多水分，连桉树都烧了更别说别的了。

12月2日，日军第11军占领贵州重镇独山，并向都匀逼近，此后在中国军队的反击下撤回广西境内。日军第23军攻占南宁后，在中越边境与由越南北上的第21师团会合。至此，日军"一号作战"达到了其预期的战略目的，

广西抗战老兵廖如玺

但却未能实现其战略企图。

日军的入侵给广西带来了前所未有的劫难，整个广西陷入血与火中。

广西绥署保安4团团长蒙鹏飞之子蒙天祥：

逃难的时候，疏散的时候，我父亲不在家，他在打仗。我妈背着我，她亲眼看见柳州机场被炸。为什么要炸？因为我们撤退，这个机场不能给日本人来用。所以我们要坚壁清野，老百姓都支持这些事情。

台湾政治大学教授刘维开：

我印象当中，当时黄旭初就自己讲说，在战争过程当中，等到战争稍微平息一下，他派出去一个视察员，去视察，去了解战争战后的情况。他们走了几十里路，只看到一头牛，都没有看到人。说这个死伤非常的惨重。包括桂林，包括柳州，他说民房基本都被摧毁了，可见死伤非常惨重。

黄旭初后来在回忆录中记述：广西沦陷了四分之三，共达七十五县，且被隔断成为四块，被敌蹂躏了将及一年。

1945年4月，中国军队在广西开始反攻，第2、第3方面军在广西龙州、南丹、全州、阳朔地区攻击日军第6方面军。

日军开始败退，沿途到处遭遇到广西军民的伏击，桂东南抗日自卫军等中国共产党领导的抗日武装也纷纷出击。自全州、桂林、南宁、柳州等地沦陷后，30支中共领导的游击队7000多人，在灵川、融县、陆川等地32个县开展广泛的敌后游击战，消耗和牵制日军。

4月27日是农历三月初九，也是南宁宾阳县黎塘镇司村的"三九抗日胜利节"。

1945年，日本侵略者退却时到了黎塘，侵犯司村，司村村民不畏强暴，联合当地民兵和邻村各少数民族同胞依水而守，利用自制土枪土炮英勇抗击日军一个连，以零牺牲消灭日军30多人，击退来犯日军。司村全村男女老少欢聚一堂，欢欢喜喜庆祝胜利，此后每年举办，已延续了70年。司村老文艺

战争爆发前，广西梧州站
在水牛背上的农夫

队队长玉中勤老人专门为"胜利节"创作了二胡演奏曲《得胜令》。

台湾辅仁大学教授林桶法：

重要的是全民的力量。因为不是一个战役的问题，或者几次大的会战的问题，最重要就是每个人，士农工商，各安其分，而且各自表现出来的抵御外辱的精神。

为了寻找广西抗战影像，我们摄制组多次前往美国国家档案馆检索史料，意外地发现了1945年7月柳州光复时的一批珍贵照片：

7月1日是柳州光复的第一天。日军逃走前，摧毁了柳州河上的大桥。

柳州市民迎接第一批抵达的美军和中国军队。

无家可归的孩子在废墟般的柳州街头徘徊。

7月9日，美国人在柳州空军基地举行了升旗仪式。

7月17日，柳州战后的街道上，中国第71军的士兵们和在柳州的美国人一起游行庆祝胜利。

1945年7月27日，中国军队收复广西省会桂林。7月28日，国民政府军事委员会发言人在重庆中外记者会宣布："国军攻克桂林，打开了对日总反攻的胜利之门。"8月17日，广西全境光复。

战争终于结束了，颠沛流离的市民、村民陆续开始返家，但家已经不可能再回到从前的模样。

广西文史馆馆员朱袭文（88岁）：

回家里面的人少个把人是正常现象，病死的、饿死的，桂林药铺都没有。我在山里面患恶性疟疾，瘦得皮包骨，在桂林买鸡蛋都买不到。一片零落，晚上没有夜市，哪有夜市啊。桂林黄昏了，桂林有一句话讲，街上鬼都打得死人，就是这个味道了。

五

1945年8月15日，曾经骄狂、不可一世的日本帝国主义宣布无条件投降。

广西绥署保安4团团长蒙鹏飞之子蒙天祥：

全柳州噼噼啪啪满天火光，不管是步枪、机关枪、手枪向天打，响了一个晚上。我那时候小，我知道是好事，一点不害怕，所以我听过枪声，这是好事。我姑姑、我妈妈很高兴，知道日本投降。大家开枪像放鞭炮这样欢庆。没有人管，长官、市长没有说不要乱开枪，没有。而且呢，警察部队都在喊，欢呼。那一天夜晚，我印象深刻，比过年还热闹一百倍。

黄旭初之子黄武良：

那时候我在南宁，鞭炮响起来了，开头很多人以为是有人办这个结婚仪式，后来鞭炮越放越多，越放越大声，有人敲铜锣鼓的，在马路上跑，叫"日本鬼子投降了！日本鬼子投降了！我们打胜仗了！我们胜利了！"才晓得日本鬼子投降，当时整个南宁市都很高兴，邻居都不睡觉了，跑出来庆祝。

中国士兵踏着破烂的
街道进入到处瓦砾的
桂林（1945年8月）

1945年8月，第29
军169师收复桂林

我爸好像也晓得日本鬼子投降的事情，早有安排，马上从百色回去桂林。很快省府复原到桂林，学校开学，市场开工，政府也办公，重开省府的一切工作了。

第84军司令部副官廖仲衡：
高兴啊，我讲："好了，这回我们就安居乐业了。"

第94军班长刘斌：
很高兴啊，不用打仗了。

日本投降，这个如同平地惊雷的消息，通过各种难以言述的渠道，传到浴血苦战14年的中国，传到广西全境，传到了分布在各个抗日战场奋勇杀敌的广西子弟兵耳中。

第48军138师机枪手覃德贵：
上午十点多钟，安徽蚌埠打电报到立煌县那里的部队，讲日本人已经投降了。当时几个美国的军官，就用枪往天上开枪，他们说日本人投降了，太平了。

当时在青年战地工作团的廖如玺随部队进入刚刚收复的桂林。

第31军135师政工队员廖如玺（93岁）：
街上有个同志回来说："同志们，我在十字街广场看到有个海报，日本鬼投降了。日本鬼不投降的话，我们这个战地工作队准备跟着部队打到湖南长沙，打到武汉，打到北京。"

第7军173师班长梁昌庆：
日本人在汉口投降，我们来缴他的枪，他们写了投降书，扎旗在那里，白旗。

　　正在重庆受训的桂调元，听说当时有三个师是要去占领东京的，便设法调进了其中的第204师。

第46军新19师连长桂调元（93岁）：

　　日本人投降的时候我在训练团受训，受训六个星期，还有一个星期就毕业了，快毕业的时候听到内部消息，我听到201、202、204三个师要去占领东京，我们就要想办法钻进去，因为我们毕业以后就是派到前线军去，那如果去201、202、204这三个师是占领了东京的，所以我就去到了204师。

　　到了204师，一到了之后马上进行体检，看适不适合坐飞机，我身体好，没有什么不适合。走的时候，我连被子都不带，我姐姐还问为什么小被子也不带，我说："不带了，一起上飞机，到日本了用新的。"

　　坚守大别山的广西军队在安庆、徐州、蚌埠接受日军投降。

　　受降仪式上，第十战区安庆地区受降官分别为：第十战区司令长官李品仙、第十战区参谋长董英斌。第48军军长苏祖馨主持受降仪式。

　　抗战胜利后，李宗仁出任北平行营主任，作为"焦土抗战"的倡导者，

美国在日本广岛、长崎投掷杀伤力恐怖的原子弹

1944 年 21 集团军警卫队长汪守滇任缴获日军战马和指挥刀与战友留影。抗战胜利时，他到安庆参与受降事宜

1945 年 9 月 15 日，在第 48 军军部举行日军安庆投降仪式。图为受降官佐合影

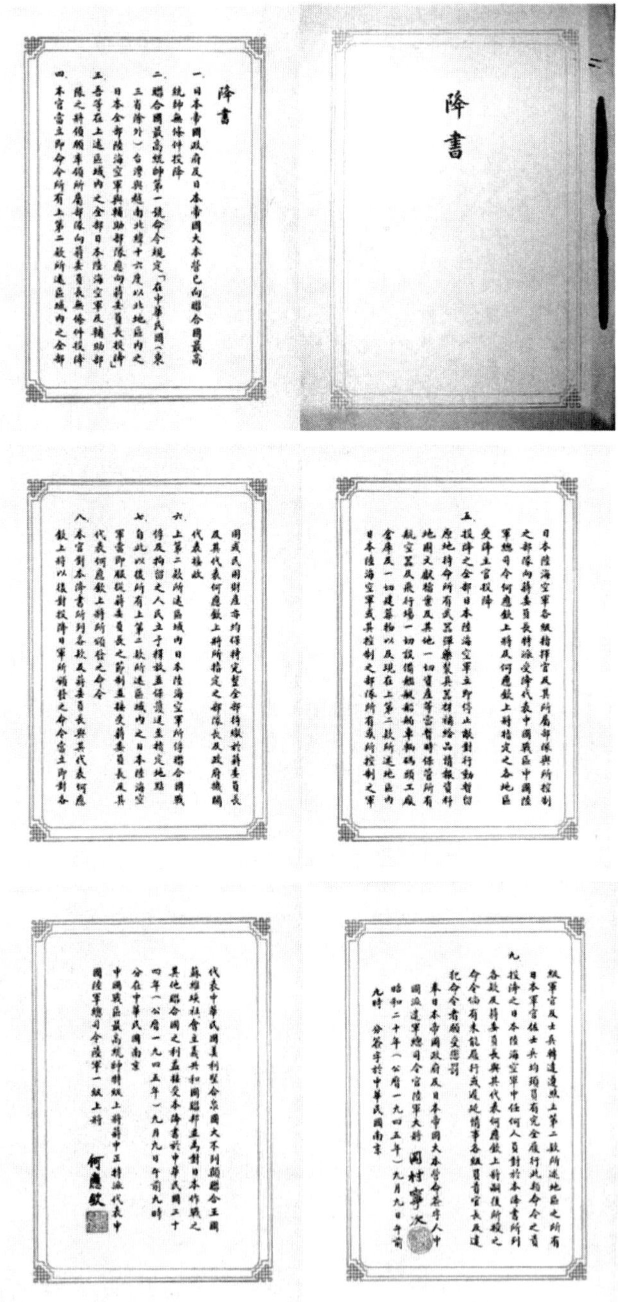

降書

降書

一、日本帝國政府及日本帝國大本營已向聯合國最高
統帥無條件投降
二、聯合國最高統帥第一號命令規定「在中華民國（東
三省除外）台灣與越南北緯十六度以北地區內之
日本全部陸海空軍與輔助部隊應向蔣委員長投降」
三、吾等在上述區域內之全部日本陸海空軍及輔助部
隊之將領願率領所屬部隊向蔣委員長無條件投降
四、本官當立即命令所有上第二款所述區域內之全部

日本陸海空軍各級指揮官及其所屬部隊與所控制
之部隊向蔣委員長特派受降代表中國戰區中國陸
軍總司令何應欽上將及何應欽上將指定之各地區
受降主官投降
五、投降之全部日本陸海空軍立即停止敵對行動暫留
原地待命所有武器彈藥裝具器材補給品情報資料
地圖文獻檔案及其他一切資產等當暫時保管所有
航空器及飛行場一切設備艦艇船舶車輛碼頭工廠
倉庫及一切建築物以及現在上第二款所述地區內
日本陸海空軍或其控制之部隊所有或所控制之軍

用或民用財產亦均保持完整全部待繳於蔣委員長
及其代表何應欽上將所指定之部隊長及政府機關
代表接收
六、上第二款所述區域內日本陸海空軍所俘聯合國戰
俘及拘留之人民立予釋放並保護送至指定地點
七、自此以後所有上第二款所述區域內之日本陸海空
軍當即服從蔣委員長之節制並接受蔣委員長及其
代表何應欽上將所頒發之命令
八、本官對本降書所列各款及蔣委員長與其代表何應
欽上將以後對投降日軍所頒發之命令當立即對各

級軍官及士兵轉達遵照上第二款所述地區之所有
日本軍官佐士兵均須負有完全履行此項命令之責
九、投降之日本陸海空軍中任何人員對於本降書所列
各款及蔣委員長與其代表何應欽上將嗣後所授之
命令倘有未能履行或遲延情事各級負責官長及違
犯命令者願受懲罰
奉日本帝國政府及日本帝國大本營命簽字人中
國派遣軍總司令官陸軍大將 岡村寧次
昭和二十年（公曆一九四五年）九月九日午前
九時 分簽字於中華民國南京

代表中華民國美利堅合眾國大不列顛聯合王國
蘇維埃社會主義共和國聯邦並為對日本作戰之
其他聯合國之利益接受本降書於中華民國三十
四年（公曆一九四五年）九月九日午前九時
分在中華民國南京
中國戰區最高統帥特級上將蔣中正特派代表中
國陸軍總司令陸軍一級上將 何應欽

中国战区日本降书

作为台儿庄大捷的主将，作为护卫大后方的第五战区司令长官，这位名将，受到20万北平市民的欢呼。

他在台儿庄大捷时的部将孙连仲，作为北平受降的主将，接受根本博等日军将领的投降，战败者恭敬地向胜利者献上了代表着日本军人荣誉的佩刀。

中国军队终于扬眉吐气，重返卢沟桥。

海竞强接到命令率领部队到海南岛的海口与雷州接受日本投降，那时候海南岛上的日军有五六千人，他们一反战争时的凶猛强横、不可一世，态度温顺地接受胜利者的处置。

46军军部战士曾广义：

他们弄得好好的，我们接收，他们物资都弄好的。我们接收搬到部队去了，部队接收，我们去看。他们是弄得好好的。那时在海南岛。

第188师师长海竞强之子海英杰：

在海南岛接受投降的时候，那时候委员长又下令，要以德报怨，对日本的军兵，都要以德报怨。所以我的父亲就对日囚，给他们吃，给他们住着。能够等待着遣返日本。当时负责的一个指挥官叫作京泽，他很感念我父亲对日本的俘虏这么善待，行人道主义。所以那个时候他又留了一个很长的感谢函给我父亲。所以我到现在还是把它裱起来当作一个纪念。

以广西1300万左右的人口，100万士兵出省参战，阵亡近30万。先后有300多万民工夫役，随军在各抗日战场担负战斗和勤务支援。

黄旭初晚年在香港做寓公，过着很低调的生活，他以日记为基础写下很多关于抗战的回忆，1975在香港去世。

晚年的白崇禧在台湾很落寞，出门甚至常有特务盯梢。白崇禧有时见他们盯梢也很辛苦，还大度地请他们吃过饭。他将自己一生的所作所为浓缩在《白崇禧口述历史》中。

北平行营主任李宗仁

中国军人胜利重返卢沟桥

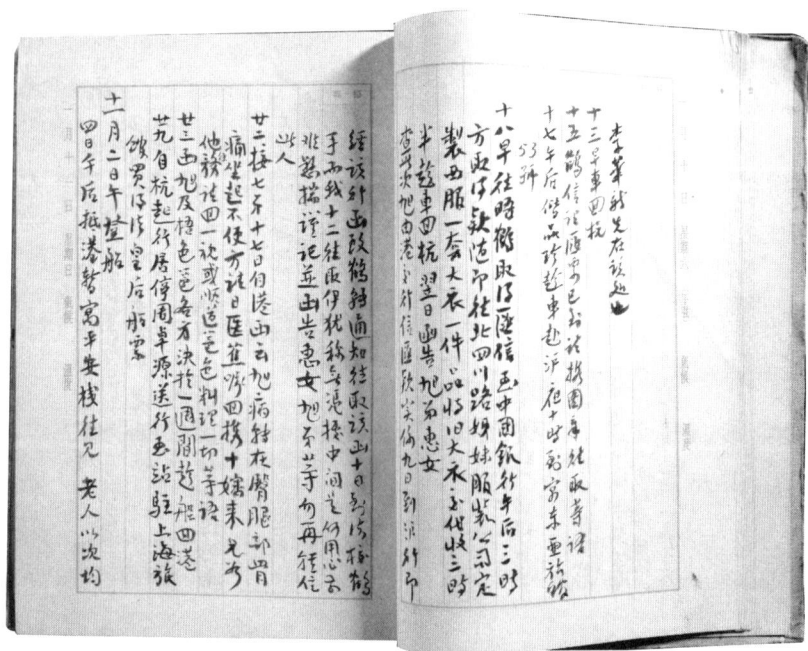

黄旭初日记

第188师师长海竟强之子海英杰：

我父亲有跟我提过，来了台湾以后，白将军每次生日的时候，他一定唱一首歌，也是他唯一能唱的，这首歌就是《满江红》。唱的时候，看他的表情难免是激动，也带一些沧桑。这是一个老军人的最后的一种感念吧。

1966年，白崇禧病逝于台北，和夫人马佩璋同葬于儿子为他们设计的墓地。

李宗仁抗战后一度取代蒋介石成为代总统，后去美国看病，并逗留在那里。他传奇般的故事因80年代《李宗仁回忆录》在大陆印出而为中国人所知。心系祖国的他，最终选择了落叶归根。

1965年7月20日，74岁高龄的李宗仁结束16年的流亡，回到祖国。在首都机场欢迎李宗仁的人群中，有周恩来总理的身影，中国共产党用隆重的礼节欢迎他的归来。1969年1月，这位抗战名将逝世。

179

抗战后的李宗仁（右）与白崇禧（左）

日本都留文科大学名誉教授笠原十九司：

李宗仁、白崇禧的军队是以地区作为基础，保卫了整个中国的军队。因此，李、白两人可以说是有不仅保卫地区还要守护国家的意识。我认为广西军发挥了非常重大的作用。

台湾政治大学教授刘维开：

李宗仁跟白崇禧他们作为桂系的领导人，他们在这一场战争当中，从他们的表现可以看出，就是说在全民族的战争底下，并没有因为他们过去跟中央之间的一些隔阂，而有所谓的保留实力等等，相反的他们在这个过程当中，他们仍然尽他们的本分，尽他们的职守，然后为国家，为民族。

江苏省行政学院教授李继锋：

广西是一个比较偏远的省份，但和广东是近邻。两广实际上从太平天国之后就一直是中国革命的先驱，所以20世纪20年代，广西的李宗仁、白崇禧能很快和广东结合，掀起了北伐革命，抗战的时候双方军队在第四战区联合作战。李宗仁等就强调，珠江流域的广西和广东人民，在中国近代革命运动史上都有重大的贡献，他们和近代中国革命的关系之紧密，可以说是超越其他区域之上的。这当然是一个自我期许非常高的评价，但在某种程度上也是两广对中国近代化所做的贡献。李、白、黄他们虽然崛起自广西，但最终志在国家。所谓建设广西，复兴中国，才是最终目的。从北伐和抗战这两件影响国运的大事上，他们深度参与并卓有贡献可以看得很清楚。

为了保护自己的家园，为了捍卫民族的尊严，在国家危难之际，广西军民拼尽了全力。如同古希腊历史学家希罗多德在其名著《历史》中所言："他们宁肯住在崎岖的山地上当主人，也不愿住在平坦的良田上充当别人的奴隶。"

民政部公布的广西抗日英烈

第一批

庞汉桢　第7军510旅旅长

秦　霖　第7军511旅旅长

夏国璋　第172师副师长

高致嵩　第88师264旅旅长

谢采轩　第159师477旅旅长

马威龙　第27军136旅旅长

周　元　第173师副师长

钟　毅　第173师师长

朱立文　新四军第5师15旅副旅长

周子昆　新四军副参谋长

陈济桓　桂林城防司令部参谋长

阚维雍　第131师师长

第二批

万全策　中央军校教导总队第1旅参谋长

李绍嘉　第83军156师468旅副旅长

蔡如柏　第66军160师956团团长

何　信　空军第3航空大队第8中队副中队长

黄　莺　空军第3航空大队飞行员

刘震英　新四军江南指挥部新编第6团政治部主任

韦　灿　第31军131师392团团长

吴　展　第31军131师392团团长

谢　犁　新四军第4师兼淮北军区泗阳总队总队长

抗战老兵群像

桂调元，第 46 军新 19 师抗战老兵，参加过衡阳保卫战

梁庆昌，第 48 军 173 师抗战老兵，参加过淞沪会战

卢广德，第 48 军 176 师 528 团抗战老兵，参加过大别山敌后抗战

覃树国，第 48 军 176 师抗战老兵，参加过两次淞沪会战

苏启廉，第 84 军 174 师抗战老兵

麻进容，第五战区长官部卫队抗战老兵

廖仲衡，第46军175师抗战老兵，参加过桂柳会战

184

韦国兴，第31军机枪连抗战老兵，参加过昆仑关战役与桂林保卫战

　　长江南北，淮河汉水，八桂乡土，到处留有广西将士们在抗战中留下的深深烙印。整个抗战期间，广西军民冒着敌人的炮火，前赴后继，在国难当头的最危急时刻，与日本侵略者血战到底，用勇气、智慧、鲜血与生命，拯救民族于危亡，贡献出一片赤子之心。他们的忠魂，他们的功业，已经融入中华民族的永恒记忆。

广西抗战大事记
（1931.9.18——1945.9.3）

1931年

9月18日 "九一八事变"爆发，日军开始武力侵占中国东北，中国人
民抗日战争开始。

10月3日 广西各界抗日救国会在南宁举行大会，强烈斥责和声讨日军
侵略我国东北，敦促中央政府出兵抗日救国。

1932年

1月1日 张发奎率第4军在南宁举行"北上援黑抗日"誓师大会。

1月 南宁—龙州公路全线通车。

4月13日 南宁民众抗日救国委员会决议，将南宁180间商户所有日货
封存。

6月 省府筹设广西省立师范专科学校于桂林雁山西林花园。

9月18日 "九一八事变"一周年，南宁各界举行大规模抗日集会、示威游行。

1933年

1月12日　李宗仁出席西南政务委员会广州联席会议，粤、桂、湘、闽、滇、黔、川等均派代表参加，议定西南大联合，促中央出兵抗日。

9月13日　广西省政府颁布《广西普及国民基础教育大纲》。

12月　　广西普及国民基础教育研究院于南宁城郊津头村成立，雷沛鸿任院长。

是年　　桂林开始建设秧塘大型机场。

是年　　在柳州兴建炮弹工厂，设备德国制造，日产迫击炮弹500发，子弹40000发。

1934年

2月　　广西各小学校均改为国民基础学校。

3月27日　广西党政军联席会议通过《广西建设纲领》。

4月　　男公务员开始实行军训，18岁至45岁一律参加。

7月　　广西实行三位一体制，即乡（镇）、村（街）长兼民团后备队队长和国民基础学校校长。

10月　　南宁城区自动电话全部装竣，用户共350多户，为广西使用自动电话之始。

1935年

1月14日　南宁举行第一次防空演习。

3月　　广西全省推行"三自"（自卫、自治、自给）、"三寓"（寓兵于团、寓将于学、寓征于募）政策。

7月12—15日　中国工程师学会、化学学会、地理学会、科学社、动物学会、植物学会6个学术团体年会在南宁举行。全国科技界专家、教授100多人前来参加。

10月　　广西省立师范专科学校学生陶保桓等组建"反帝反法西斯同盟"，为中共桂林支部领导的外围组织。

12月18日　南宁学生8000多人举行支援北平学生"一二·九"救国运动
　　　　　大会，游行示威向当局递送抗日请愿书。

12月21日　桂林学生、民众举行声援北平"一二·九"学生救国运动大
　　　　　会，并示威游行。

1936年

2月26日　广西省政府公布《广西国民中学办法大纲》。

5月23日　马君武、戈绍龙、雷荣珂等在南宁发起组织广西省文化教
　　　　　育救国会。

6月1日　两广实力派以西南执行部和西南政务委员会名义通电反蒋抗
　　　　　日，发动"六一运动"。

6月3—4日　两广西各界抗日救国联合会在南宁举行抗日救国宣誓和示威
　　　　　游行大会，省会公务员集体宣誓抗日。

6月5日　桂军第4集团军全体将领请缨抗日。

6月26日　广西抗日救国学生军在南宁成立。

7月　云广英化名林秀先代表中共中央到南宁与李宗仁会谈合作抗日。

7月10日　中法（法属安南）航线正式通航，每周往返广州—南宁—河
　　　　　内1次。这是中国开辟的第一条国际航线。

7月15日　蔡廷锴、蒋光鼐到南宁与李宗仁、白崇禧商谈反蒋抗日事宜。

8月24日　原粤军第十九路军余部编成一个师加入桂军，共同抗日。

9月14日　李宗仁、白崇禧发表和平通电，表示服从中央，一致抗日。
　　　　　"六一运动"结束。

10月5日　广西省会由南宁迁往桂林。

12月12日　"西安事变"发生。

12月16日　李宗仁、白崇禧、李济深等通电全国，主张反对内战，和
　　　　　平解决事变，立即对日宣战。

12月　刘仲容代表李宗仁、白崇禧到延安会见毛泽东、周恩来，
　　　　　商谈联合抗日，建立抗日民族统一战线。

1937年

1月1日　李宗仁在《东方杂志》新年特大号上发表《民族复兴与焦土抗战》一文。

1月28日　广西各界77个团体600余名代表在桂林举行"一·二八"淞沪抗战纪念大会，并通电全国，敦促国民党中央立即停止内战，对日抗战。

4月　　桂军第4集团军改组为国民革命军第五路军，总司令李宗仁、副总司令白崇禧在桂林宣誓就职。

5月　　毛泽东会见前来延安的桂系代表刘仲容，指出要共同督促蒋介石履行"西安事变"的诺言，实行对日抗战。

6月　　中共中央特使张云逸与桂系谈判合作抗日，在桂林签订《红桂川联合抗日纲领草案》。

7月7日　"卢沟桥事变"爆发，日本全面侵华，中国抗日战争全面爆发。

7月8日　中共发表《为日军进攻卢沟桥通电》，强烈呼吁："全中国同胞、政府与军队团结起来，筑成民族统一战线的坚固长城，抵抗日寇的侵掠。"

7月12日　广西党政军首脑在桂林举行广西国民革命军北伐誓师纪念大会，李宗仁发表桂系抗战宣言:《革命者要努力迈进展开新的局面，驱逐日帝国主义于我们的国境外，恢复我们的黄金时代》。

7月15日　李宗仁在桂林发出《致蒋委员删电》，主张"为应付目前重大事变，应即实现全国总动员"。

7月17日　蒋介石在庐山发表《对卢沟桥事件之严正声明》。

7月20日　李宗仁、白崇禧通电支持蒋介石庐山讲话："宗仁等欣聆国策已决，誓本血忱，统率第五路军全体将士，暨广西一千三百万民众，拥护委座抗战到底，任何牺牲在所不惜。"

8月2日　蒋介石邀请李宗仁、白崇禧到南京共商抗日大计。

8月4日　白崇禧赴南京就任国民政府军事委员会副总参谋长。李宗仁留在广西准备抗战，两个月内，桂军从14个团扩充至40个团，编成第7军、第31军、第48军、第84军，共4个军。不久，4个军改编为三个集团军，即第11集团军、第16集团军和第21集团军，统一交中央调度。

8月7日　白崇禧出席蒋介石在南京举行的最高国防联席会议，参与决定抗战大计。

8月13日　淞沪会战爆发。

9月9日　桂军第48军在南宁誓师出征。

9月18日　南宁各界2万多人举行"九一八"国耻纪念，对日抗战宣誓。

10月1日　桂军第7军、第31军在桂林誓师出征。

10月9日　广西建设研究会在桂林成立。

10月12日　李宗仁抵达南京受命就任第五战区司令长官。

同日　广西各地大中学校学生300余人组建第二届广西学生军，在桂林集训后于同年12月开赴鄂豫皖抗日前线。

10月21日　第21集团军第7军、第48军投入淞沪会战蕰藻浜反攻作战。

10月23日　第7军170师510旅少将旅长庞汉桢、第7军170师511旅少将旅长秦霖，阵亡于蕰藻浜反击战场。

11月21日　第7军172师少将副师长夏国璋阵亡于淞沪会战吴兴阻击战场。

12月上旬　中共右江地区游击队2000多人改编为两个独立团开赴安徽抗战前线。

1938年

1月1日　全国漫画作家抗敌协会在桂林初中举办中华全国第一届漫画展览，展出作品300余幅。

1月　南宁—钦州公路全线通车。

1月10日　国防最高会议任命白崇禧兼任军训部长。

3月—4月间　李宗仁在鲁南指挥军队击溃日军两个精锐师团主力，歼敌一万余人，取得中国抗战以来最大的胜利，史称台儿庄大捷。

5月4日晚　南宁文化界抗敌后援会举行万人火炬歌咏巡行。

5月9日	第48军173师中将副师长周元在蒙城保卫战中阵亡,《新华日报》特发表《悼周元师长》,痛惜国家失去了一位良将。
7月7日	南宁各界举行抗战建国周年纪念大会,同时追悼阵亡将士和死难同胞,并举行阵亡将士纪念碑奠基典礼,慰劳出征将士家属。
8月	广西学生军大队从安徽派代表团返桂汇报宣传。他们到各地巡回举办前方战利品和日军侵华暴行展览,召开前方将士家属座谈会。10月中旬,代表团返回安徽前线。
9月28日	湘桂铁路桂林至衡阳段通车
10月下旬	周恩来从武汉撤往长沙途中,与白崇禧同行。周向白说明中共抗日民族统一战线的方针政策。
11月中旬	国民革命军第18集团军驻桂林办事处(习惯称八路军驻桂林办事处,简称桂林"八办")成立。吴奚如、李克农先后任处长。
11月21日	第三届广西学生军开赴广西各地开展抗日救亡工作。
11月底	国民党广西当局组建学生军(沿称第三届学生军),共三个团4200多人。中共广西地方组织派了99名党员参加。
11月下旬	在周恩来的直接领导下,国际新闻社在桂林建立总社。该社向国内外报道八路军、新四军奋勇抗战和抗日根据地的消息。
11月30日	日机3批51架空袭桂林,其中35架在城区上空投弹,市民死伤171人,炸沉民船3艘,桂北街、桂南街成一片瓦砾。
同日	蒋介石到桂林统筹南方抗日事宜。
11月	桂林开通自动电话。
12月2日	日机19架空袭桂林,投弹70多枚,燃烧半日,毁房366栋,市民死伤1000余人。
12月3日	中共中央南方局书记周恩来和叶剑英、郭沫若率军委会政治部第三厅部分工作人员由衡阳抵桂林。
同日	军委会桂林行营成立,白崇禧兼主任。
12月初	叶剑英应广西大学教授千家驹邀请,向该校师生做抗战形势

的演讲。

12月6日　蒋介石在桂林约见周恩来。

12月8日　周恩来出席国际反侵略运动大会中国分会桂林支会筹备会议。

1939年

1月10日　中共《救亡日报》在桂林复刊，郭沫若任社长，夏衍任总编辑。

1月24日　军事委员会南岳游击干部训练班创办，蒋介石兼任主任，白崇禧任副主任，叶剑英主讲"游击战争概论"。

1月25日　国际反侵略运动大会中国分会广西支会在桂林成立。

1月28日　八路军桂林办事处举行"一·二八"淞沪抗战七周年纪念大会，并欢迎香港九龙新界司机总工会的代表。

1月下旬　叶剑英在桂林应邀对广西学生军第二团作"现阶段的游击战与正规战"演讲。

2月16日　周恩来应白崇禧邀请在桂林出席军训部成立周年纪念大会，发表"军训工作之重要"演说；当晚向桂林八路军办事处工作人员及部分在桂文化界中共党员传达中共六届六中全会精神。

3月　　桂林文化界在桂林大戏院举行大型座谈会，白崇禧出席作"团结抗战"长篇演说。

3月　　第五战区司令长官部迁到湖北老河口，李宗仁在这里先后指挥了随枣会战、冬季攻势、枣宜会战、襄东会战、鄂东战斗、豫南鄂北会战等重大战役。

3月18日　广西地方建设干部学校开学，广西省主席黄旭初兼任校长，中共党员杨东莼任教育长，40多位中共党员和进步文化人士应聘到该校工作。

4月　　中共中央南方局桂林办事处决定由陈岸任中共广西省工委书记。

4月底　周恩来从皖南赴重庆经桂林，接见各界人士开展抗日民族统一战线工作。

5月15日　桂林周边7县民工开始扩修桂林秧塘机场。

191

5月20日 　叶剑英应邀出席桂林青年座谈会，主讲当前战局问题。

5月21日 　叶剑英在广西地方建设干部学校作"当前战局之特点"演讲。

6月 　　　广西省临时参议会通电声讨叛国投敌的汪精卫。

9月1日 　德国对波兰不宣而战，第二次世界大战爆发。

9月下旬 　新四军军长叶挺从皖南赴重庆经桂林，接受《救亡日报》记者采访，介绍了新四军作战、政工、经济情况，谈论了国际形势。

10月 　　八路军桂林办事处召开声讨汪精卫大会，李克农在会上痛斥汪精卫投敌卖国罪行。

10月2日 　中华全国文艺界抗敌协会在桂林成立，胡愈之、夏衍、林林、司马文森、周钢鸣、刘季平等25人当选理事。

10月22日 　桂林文化供应社成立，李任仁任董事长，陈劭先任社长，胡愈之任总编辑。

10月23日 　第21集团军总司令、鄂豫皖边区游击总指挥、安徽省政府主席廖磊因脑出血在安徽立煌县（今金寨县）病逝。

11月24日 　日军为切断中国西南国际交通线，在钦州湾的企沙、龙门登陆后攻占南宁，接着攻占邕武公路线上的高峰坳和邕宾公路上的昆仑关。

12月16日 　湘桂铁路桂林—柳州段通车。

12月18日 　白崇禧指挥军队分三路反攻南宁，以第5军为主力的北路军向昆仑关发起总攻。

12月31日 　中国军队收复昆仑关及东西两侧高地。此役击毙日军第21旅团长中村正雄少将，歼灭日军4000余人，俘虏日军100多人，中国军队伤亡1.4万余人，取得昆仑关大捷。

1940年

1月 　　　国民政府军事委员会第四战区司令长官部由广东韶关移驻广西柳州，司令长官张发奎。

1月15—18日 　日军1600多人向邕钦路东侧灵山县的四峡坳进攻。灵山军民共同战斗，毙敌340多人。

2月4日　昆仑关被日军占领，戍守昆仑关第9师师长郑作民阵亡。

2月21日　蒋介石从重庆飞抵桂林，到柳州主持桂南会战检讨会。

27日　蒋介石下令：桂南会战中桂林行营主任白崇禧督战不力降级，政治部主任陈诚指导无方降级。

3月3日　广西省立艺术馆于桂林榕荫路与桂西路交会处创立，馆长欧阳予倩。

5月　广西无线电总台成立，可通达云南、贵州、四川、湖南、广东、江西、福建、浙江、安徽各省。

5月9日　第二次随枣会战打响，第173师师长钟毅率部掩护全军退却，弹尽援绝，自戕殉国。

5月25日　军委会桂林行营撤销。

5月28日　广西宪政协进会成立，李任仁任会长。

6月1日　军委会桂林办公厅成立。9月4日李济深主任自重庆飞桂林任职。

6月29日　桂林市各界举行欢迎南洋华侨慰劳团大会，团长陈忠亮代表南洋1100万华侨向军委会桂林办公厅献"尽忠报国"旗。

7月11日　桂林民众反汪（精卫）肃奸签名运动结束，签名30207人。

8月　桂林漓江大桥（后称中正桥，今解放桥）建成通车。

9月4—6日　广西学生军第一、二大队从隆安分赴十万大山北麓敌后和邕龙线上各县抗日前线工作，发动群众支前，开展抗日游击战，深入敌后，打击汉奸敌探，建立敌后政权。

9月16日　第5军顾问苏联陆军步兵中校巴布什金病故，葬于桂林甲山，新中国成立后移葬于西山。

10月30日　南宁光复。

11月12日　军委会政治部通知八路军桂林办事处于本月19日前撤离。

12月8日　中越文化工作同志会在桂林成立，李任仁、陈劭先、陈此生、欧阳予倩、夏衍、胡愈之、程思远、阮爱南、林伯杰、梅公毅等55人为理事。

12月18日 桂林各界代表5000余人追悼桂南阵亡官兵及死难同胞，鸣炮3响，全市民众默哀。

12月 中共中央南方工委重建中共广西省工委，钱兴任书记。

1941年

1月6日 "皖南事变"发生。

1月20日 八路军驻桂林办事处奉命正式撤销，工作人员撤离桂林。

1月21日 中华全国戏剧界抗敌协会桂林分会成立。

2月28日 《救亡日报》被迫停刊。

3月4日 邹韬奋秘密到达桂林，在李任仁、李济深帮助下次日顺利飞往香港。

3月 柳州机场扩建，成为美国援华志愿航空队（飞虎队）作战基地。

5月28日 桂林市各界音乐会在公共体育场举行，最后全场近万人齐唱《义勇军进行曲》。

6月11日 桂林广播电台装置短波，向国外播音。

6月底 中共中央南方局组建中共桂林统战工作委员会，领导桂系中上层统战工作和文化界统战工作。

8月1日 美国援华志愿航空队（飞虎队）第76战斗机中队进驻扩建完成的桂林秧塘机场。

同日 广西省政府颁布《广西建设计划大纲》，将经济建设作为首要任务。

8月9日 广西防空司令部整理桂林各避难岩洞，全市94个岩洞可容十余万人躲避日机轰炸。

8月 广西学生军解散。

9月15日 在桂林的戏剧、电影界名人田汉、洪深、欧阳予倩等197人致信慰问苏联戏剧、电影界友人，声援苏联抵抗纳粹德国侵略。

10月5日 新中国剧社在桂林三明戏院举行成立大会，该剧社由中共桂林统战工作委员会领导，名誉社长田汉，社长杜宣。

10月26日 蒋介石夫人宋美龄女士抵桂林慰劳负伤将士。

12月20日　桂林各界及日本反战同盟、朝鲜革命党代表等10万余人在市
　　　　　体育场举行拥护中国军队反侵略运动大会。

1942年

1月6日　　桂林全市燃炮庆祝湘北大捷。

1月18日　日机轰炸桂林城区，中山北路发生大火，从义学巷到桂东路
　　　　　（今解放东路）繁华街区大商店全毁。

2月1日　　湘桂铁路桂林—来宾段通车。

2月　　　　太平洋战争爆发后，被困在香港的爱国民主人士和进步文化
　　　　　人士何香凝、茅盾、柳亚子、萨空了、梁漱溟、廖沫沙、范
　　　　　长江、田汉、邵荃麟、胡风、胡绳、沈志远、狄超白、胡仲
　　　　　持、司徒慧敏、陈瀚笙、周钢鸣、陈此生等，经中共中央南
　　　　　方局组织营救，陆续来到桂林。

4月1日　　省立师范专科学校与广西教育研究所合并为广西省立桂林师
　　　　　范学院。

5月25日　李济深、黄旭初在乐群社举行茶会，招待从香港脱险来桂林
　　　　　的文化、新闻界人士梁漱溟、茅盾、金仲华、蔡楚生、叶浅
　　　　　予、马思聪、王人美等100余人。

6月12日　美国飞虎队首战桂林击落日机8架。

6月28日　美国飞虎队再战桂林击落日机14架，损失飞机4架。

12月18日　日军第11军司令官冢田攻座机在安徽太湖县上空被第48军
　　　　　138师412团3营9连高射机枪击落，冢田攻毙命后被追认为
　　　　　大将，是抗战中被中国军队击毙军衔最高的日本陆军将领。

12月25日　桂林各界万人举行庆祝民族复兴节暨文化劳军献金大会。

1943年

2月5日　　桂林4万余人集会庆祝中美、中英废除在华治外法权签订新
　　　　　约，邀请英美人士同庆，会后全城提灯游行。

2月　　　　黔桂铁路广西段全线通车。

4月	驻桂林的美国第14航空队03号油库被日机轰炸，损失航空汽油约4万升。
4月26日	蒋经国陪同美国记者到桂林采访广西抗战事迹。
5月5日	5000桂林青年在体育场集会纪念"五四"，李宗仁致辞：继续"五四"精神，完成抗战使命。
7月7日	文昌门外桂林忠烈祠举行入祠典礼，第33集团军总司令张自忠上将等54位抗战阵亡将士入祠享祀。
8月	新四军原军长叶挺被国民党当局从恩施"护送"到桂林，与家人同住东郊羊角山北麓。
9月	李宗仁升任汉中行营主任。
11月2日	撤销军委会桂林办公厅，李济深主任调任军事参议院院长。
11月	越南革命同盟副主席胡志明到桂林。

1944年

1月3日	美、英、法等各国驻华武官暨驻渝记者团由衡阳抵桂林。
1月7日	美国大使馆新闻处桂林分处在依仁路广播电台礼堂举行德黑兰会议及开罗会议照片展览。
2月3日	蒋介石巡视桂林。
2月11日	美国飞虎队战斗机20架、轰炸机12架从桂林秧塘机场起飞袭击香港日军。
2月15日	广西省立艺术馆在桂林桂西路（今解放西路）举行落成典礼，西南第一届戏剧展览会和西南戏剧工作者大会开幕。参加大会的有粤、湘、桂、黔、滇及闽、赣、鄂的32个戏剧团队，戏剧工作者近1000余人，5月19日闭幕。《新华日报》先后发表30多篇文章赞扬支持。
3月	据统计，1937年至1944年日军飞机共7620架次1666次袭击轰炸广西城乡。
4月18日	日军发动打通大陆交通线豫湘桂战役。
6月10日	李济深、柳亚子、田汉、欧阳予倩、龙积之等发起，成立桂

林文化界抗战宣传周工作委员会。

6月18日　　长沙沦陷。

6月18—20日　桂林举行"国旗献金"大游行。

6月23—25日　白崇禧、张发奎在桂林秘密召开第四战区高级军事会议，制定桂柳会战作战计划，成立桂林城防司令部。

6月26日　　日军围攻衡阳。

同日　　　美国副总统华莱士在杜鲁门总统特使魏德迈将军和国民政府外交部长宋子文陪同下访问桂林，与白崇禧、张发奎等中美将领商讨抗战形势，希望桂林成为中国的"东方凡尔登"。

6月28日　　桂林文化界抗战工作协会成立，李济深任会长。

7月　　　　广西近20万各族青年自发在"报国保家血书"上以血签名和咬指盖印请战，要求奔赴桂林前线，与日军血战到底。

8月8日　　桂军第46军进至距衡阳城中心10余里处，但因其他援军不至，未能解衡阳之围，坚守48天的衡阳陷落。衡阳解围战桂军参战2万余人，伤亡7000多人。

9月11日　　桂林城防司令部发布强迫疏散令，限期桂林市民本月14日正午前全部疏散完毕。

同日　　　中共中央南方局派李亚群到桂林，向广西省工委传达关于建立抗日根据地的指示。

9月13日　　中央军第93军弃守全县（今全州县），广西北大门沦陷，桂柳会战开始。

9月14日　　盟军中国战区参谋长史迪威飞抵桂林，与白崇禧、张发奎等商量检讨桂柳战局，改变桂林守城计划。

同日　　　《新华日报》发表重要社论《论湘桂战局》："时间是太紧了，任何犹豫，都是对战争有害的，赶快用一切力量扭转战局。"

9月17日　　美国第十四航空大队破坏秧塘机场撤离桂林。

9月20日　　第93军军长陈牧农在桂林被执行军法枪决。

10月8日　　《新华日报》发表重要社论《再论湘桂战局》："保卫了桂林、柳州之线，就保卫了西南各地。桂林势在必守。"

10月14日　史迪威将军飞抵柳州与白崇禧、张发奎共商反击计划。

10月19日　白崇禧坐镇桂林部署，张发奎前往黎塘指挥，打响西江反击战。白崇禧、张发奎计划以4∶1优势兵力在桂平地区速战速决歼灭孤军深入的敌第23独立混成旅团，再迅速回师桂林解围，战至最后时刻，因战局突变功亏一篑。

10月29日　日军第11军合围桂林。在广西军民阻击下，日军从进占全州到兵临桂林城下120余公里历时一个半月，付出了5000余官兵伤亡代价。

11月9日　日军进攻桂林七星岩受重挫后施放毒气，守军、城防各部伤病员等共800余人岩内殉国，史称"桂林八百壮士"。

11月9日晚　桂军第31军131师师长阚维雍自戕殉国，与桂林城共存亡，时年44周岁。

11月10日拂晓　第31军参谋长吕旃蒙战死，时年39周岁。

11月10日晨　桂林城防司令部参谋长陈济桓突围时牺牲，时年51周岁。

11月10日午后　桂林守军最后阵地老人山激战后失守，桂林沦陷。

同日　　柳州沦陷。

11月24日　南宁沦陷。

12月10日　北上南下日军在绥渌会师，打通了"大陆交通线"。

1945年

1月中旬　李济深在玉林演讲，他明确提出"要保卫家乡，要免除自己做亡国奴的厄运，只有靠人民自己的力量"，号召人民起来"自治、自卫"，"保卫家乡"。

4月　　张发奎第二方面军、汤恩伯第三方面军开始桂柳反攻作战。

5月26日　南宁光复。

6月29日　柳州光复。

7月26日　中美英三国发表《中美英三国促令日本投降之波茨坦公告》，要求日本立即无条件投降。

7月27日　桂林光复，成为抗战中光复的首个省会城市。

7月28日 国民政府军事委员会发言人在重庆中外记者会宣布:"国军攻克桂林,打开了对日总反攻的胜利之门。"

8月15日 日本天皇裕仁发布《终战诏书》,宣布投降,中国人民抗日战争胜利。

8月19日 桂林军民举行万人(民500余人,军1万余人)大会,庆祝抗战胜利。

8月16日 广西沦陷城镇乡村全部光复。

9月3日 南宁各界举行庆祝抗战胜利大会,全城燃放鞭炮。

《冒着敌人的炮火前进——广西抗战纪事》创作团队

总 策 划　苏新生

总 导 演　杨小肃

总 撰 稿　李继锋

总 制 片　刘　竺

策　　划　陈　良　王新建

编　　导　刘　勇　杨小肃

撰　　稿　李时新　曾小帆

制　　片　吴向列　朱　宏　袁　洁

编　　辑　黄　欣　朱光宇　孔祥新　蔡懿铭

摄　　影　陶练勤　陈　浩　杨富禄　吴红宇　庞　意

摄影助理　何汉立　杨永坤　曹春光　宁寅栋　李　涛

　　　　　刘　勇　黄　波

航拍摄影　王泽波　刘　鑫

外　　联　李天逸　张艳娜

美国采访　宋静茹　王晓春　王超然　张仲翘

日本采访　中国国际广播电台东京记者站

　　　　　中央电视台东京记者站

　　　　　李轶豪　陶练勤　谭　振　王　乐　张　叶

台湾地区采访　李时新　陶练勤　谭　振

剪　　辑　陈　浩　刘　鑫

解　　说　陶建艺

音乐总监　凌　青

主题曲作曲　崔　巍

编　　曲　张　衡

　　　　　　《广西军歌》韩风云回忆记谱

　　　　　　《广西征兵歌》满谦子词曲

　　　　　　《广西学生军军歌》李文钊词　陆华柏曲

合　　唱　中央少年广播合唱团

　　　　　　亚洲爱乐国际合唱团

音频制作　北京吾爱吾乐文化传播有限公司

动画制作　南宁创维摄影工作室

承　　制　北京天聚地和文化传播有限公司

监　　制　诸葛亚　干　超

总 监 制　彭　钢

出 品 人　周文力　何新民

参考书目

《新桂系纪实》，广西文史资料委员会编，广西区政协文史办发行，1990年。

《民国军事史》，姜克夫编著，重庆出版社，2009年。

《广西抗战文化大事记（1937年7月—1945年8月）》，万忆、万一知等编著，广西人民出版社，2015年。

《广西通志·军事志》，广西地方志编纂委员会编，广西人民出版社，1994年。

《桂林抗战文化史》，魏华龄著，漓江出版社，2011年。

《桂林文化大事记》，桂林市文化研究中心、桂林图书馆编，漓江出版社，1987年。

《桂林通史》，钟文典主编，广西师范大学出版社，2008年。

《中国国民党史大辞典》，李松林主编，安徽人民出版社，1998年。

《广西大事记（中华民国之十八—中华民国之四十二）》，广西通志馆、广西地方志协会主办《广西地方志》杂志2007年第4期—2011年第5期刊载。

《中国抗日战争史：1931—1945》，张宪文主编，南京大学出版社，2001年。

《中国抗日战争正面战场作战记》，郭汝瑰、黄玉章主编，江苏人民出版社，2005年。

《中国：被遗忘的盟友》，［英］拉纳·米特著，蒋永强等译，新世界出版社，2014年。

《中国抗日战争全记录：1931—1945》，李继锋著，二十一世纪出版社，2015年。

《国民党桂系简史》，袁竞雄、蒋文华主编，漓江出版社，1992年。

《广西抗战纪实》，广西党史研究室、广西军区政治部合编，广西人民出版社，1995年。